昔とはここまで違う！

歴史教科書の新常識

濱田浩一郎

彩図社

はじめに

学生時代に受ける歴史の授業は、過去の世界へと生徒を誘う入り口である。よほどの歴史マニアでない限り、かつての日本についての知識は、この授業を通じて形成されていく。魅力を感じるかどうかは人それぞれだが、生徒たちは試験勉強のために夜なべして人名や年号を暗記する。

生徒たちの若い脳は、試験が終わった後も、学生時代の思い出とともに、歴史の授業の内容を「歴史常識」として頭にインプットすることだろう。

ところが、その「歴史常識」というものは、時とともに変わってしまう。日本中の歴史学者が研究を進めるなかで、新しい史料が発見されたり、それに伴う新解釈が提出される。新解釈が学界に受け入れられ「定説」となると、教科書の執筆者や教科用図書検定調査審議会（文部科学省の審議会で学識経験者の集まり）も内容の変更を検討せざるを得ない。古い教科書で学んだ人が大勢いるからといって、〝時代遅れ〟の内容を放置するわけにはいかないのだ。

教科書会社が新しい内容を考えると、ついに文部科学省を通って教科書が変わることになる。通常、4年ごとに改訂の機会があることから、昭和から平成にかけて教科書は大幅に更新されたことになるが、古い教科書で培われた「歴史常識」はそのままだ。世代間で日本史の知識や話題がすれ違ってしまうのは、あまりに寂しい。

そこで、本書では歴史学者である筆者が、昭和と平成という2つの時代に刊行された日本史の教科書内容が、それぞれどのように変わったかを比較・検討した。

例えば、日本史上最初のヒーローといえる、聖徳太子だ。冠の色によって位階を表す「冠位十二階」と、君臣の道を定めた「憲法十七条」を制定し、外交でも遣隋使を遣わして大陸文化の導入にも尽力。「同時に10人の話を聞けた」という伝説が生まれたのも納得の活躍ぶりだが、なんと、そのほとんどの実績に疑いがもたれているのだ。

また、鎌倉幕府の成立といえば、「イイクニ（1192年）作ろう鎌倉幕府」。この語呂合わせを、小学校時代に何度も唱えた記憶があるだろう。ところが、この鎌倉幕府の成立年代についても、教科書の記述に異変が生じているのだ。

その鎌倉時代、日本へモンゴル帝国の大軍が押し寄せた「モンゴル襲来」は、神風（暴風雨）によって敵が撃退されたとの説が、戦前からの定番であった。が、現在、その神風説には猛烈な〝逆風〟が吹いている。

大人気の戦乱の世・戦国時代の「長篠の戦い」と言えば、軍事の天才・織田信長が、大量の鉄砲を巧みに使い、武田家の最強騎馬軍団を打ち負かした合戦として有名だ。しかし、動かし難いと思われた、長篠における戦術の独創性にもメスが入っている。

また、「生類憐れみの令」と言えば、江戸幕府の五代将軍・徳川綱吉が発布した「過剰な動物愛護法」として悪名高いが、最新の教科書では、別の一面が語られているのだ。

その江戸時代の身分制度を明確に表現した「士農工商」という言葉。筆者も学校で習ったが、なんと、現在の教科書にはこの言葉は載っていないのである。語呂も良く、覚えやすかったのに……。

これら数々の〝新常識〟について、本書では「なにがどう変わったのか」、そして「なぜ変わったのか」、研究の進展や社会環境の変化にも触れながら、分かりやすく解説した。

昭和時代に学生生活を送った人にとっては、平成の教科書は驚きの宝庫だろうし、現役の学生にとっては、かつての教科書の記述に、逆に新鮮さを感じるかもしれない。

便宜上、時系列順の構成としたが、どこから読んでも楽しめるようになっているので、興味のある時代から読み進めていただいて構わない。本書を通じて、少しでも歴史好きが増えれば、望外の幸いである。

昔とはここまで違う！　歴史教科書の新常識　目次

＊文中の「最新の教科書」とは『詳説日本史B』（山川出版社／２０１４）を指し、「昭和の教科書」とは『新訂　新しい社会【歴史的分野】』（東京書籍／１９７２）を指す。

また、たびたび引用する、昭和時代の末期に出版された『書きこみ教科書詳説日本史』（山川出版社／１９８８）は、山川出版社の教科書『詳説日本史』に完全準拠した自学自習用テキストである。

第一章

歴史の夜明け　原始・古代篇

【歴史教育最大のタブー】

神話は歴史教育に必要か？

歴史新常識 其の1

●神話は全て間違っている？

日本には他の国と同じように、古くから伝わる神話がある。イザナギとイザナミによる建国神話や、スサノオ※によるヤマタノオロチ退治、ヤマトタケルの戦いなど、読者も一度は聞いたことがあるだろう。

しかし筆者は学校教育で日本神話について詳しく学んだことはない。

それは筆者の世代に限らず、それ以前の人も、以後の人も同じであろう。学校の授業からではなく、母親による読み聞かせや、自ら興味を持って読んだ本によって、その片鱗に触れた人のほうが多いのではないだろうか。

もちろん、**最新の歴史教科書にも日本神話は登場しない。**多くの教科書は、「人類の誕生」として、猿人や原人などの登場から始まる。それにとどまらず、日本神話の宝庫ともいう

※スサノオ
日本神話に登場する強力なエネルギーを持つ神。黄泉の国から帰ったイザナギの禊ぎにより誕生し、根国に追放されるが、途中立ち寄った高天原でアマテラスと誓約を行い潔白を証明する。その後、高天原で乱暴を働き追放され、出雲に下りヤマタノオロチを退治、須賀の地（島根県雲南市）に鎮まった。

べき『古事記※』や『日本書紀※』を否定するような記述もみられる。

例えば、最新の教科書の冒頭にある「歴史と資料　身近な史跡・資料から考える」というコーナーのなかに、架空の教師と生徒の問答が載せられている。

まずは、『日本書紀』の一節が「史料2」として取り上げられている。

次のような話である。

猪狩りをする雄略天皇

（雄略天皇）七年秋七月三日、天皇は少子部連スガルに命じて「私は三輪山の神の姿を見たいと思う。お前は腕力が人にすぐれている。自ら行ってとらえてこい」といわれた。スガルは「ためしにやってみましょう」とお答えした。三輪山に登って大きな蛇をとらえてきて天皇にお見せした。その際、天皇はけがれの清めをされなかったところ、大蛇は雷のような音をたて、目をらんらんと輝かせた。天皇は恐れ入って、目をおおって殿中にしりぞかれた。そして大蛇を丘に放たせて、あらためてその丘を雷丘と名づけられた。

※古事記
太安万侶が編纂し、712年、元明天皇に献上された日本最古の歴史書。原本は現存せず、写本のみ伝わる。神話や伝説・天皇家の事績が描かれ、文学的な価値も高い。

※日本書紀
舎人親王らの編纂で、720年に完成した歴史書。古事記と同じく編纂の命令は、天武天皇が下したと言われる。様々な国内の記録から中国・朝鮮の史料などを用い、神代から持統天皇の御代までを記す。

この話を元に教師と生徒が言葉をかわす。

教師「日本書紀に雄略天皇と記述されている天皇は、５世紀に実在したワカタケル大王と同一人物であると推定できますね。雄略天皇というのは８世紀になってからの呼び名で、のちにつけられたものです」

生徒「日本書紀には、歴史的な事実が書いてあったのですね」

教師「そうとばかりはいえませんよ。日本書紀のほかのところにある雄略天皇のことを記録した史料２が、本当のことだと思いますか」

生徒「こんな話は信じられません」

わざわざ生徒に「日本神話は信用できない」と言わせているのだ。この会話に象徴されるように、学校教育において日本神話が肩身の狭い思いをするようになったのは、**戦後になってから**[※]である。

『古事記』『日本書紀』（併せて「記紀」という）に載せられている神話は、純粋な言い伝えではなく、記紀の編纂者が**「天皇中心の立場から作為したもの」**だといわれるようになったのだ。記紀の編纂の際に、天皇にとって都合の悪い伝承や記録は、書き換えられたり、捨てられたりしただろうから信用できないという理屈だ。

※戦後になってから
戦前の歴史教科書には神話が
ふんだんに登場するが、
それをそのまま史実として
扱っていたわけではない。

もっとも、記紀には酷い行いをした天皇についても掲載されている。例えば、『日本書紀』に登場する武烈天皇だ。武烈天皇は、妊婦の腹を裂いたり、人の爪をはいで芋を掘らせたり、非道の限りを尽くしている。

●イデオロギー対立の犠牲となった

神話を教科書から排除したい勢力の言い分は、「戦前・戦中の学校教育において、天皇を神格化するために、記紀神話のなかの天孫降臨や神武即位など特定の部分が大きな意味を持つものとして利用され、多くの国民を感化した」というものだ。

確かにその側面はあっただろうし、こうした過去の記憶が、神話教育を絶対的な〝タブー〟としたのだ。

だが、時を経て神話を詳しく載せる教科書も登場している。『新しい歴史教科書』（扶桑社）もそのなかのひとつ。神武天皇※の東征伝承やヤマトタケル※と弟橘媛《おとたちばなひめ》、『古事記』の紹介にページを割いている。

これに対しては「実在しない神武天皇の東征の記述を

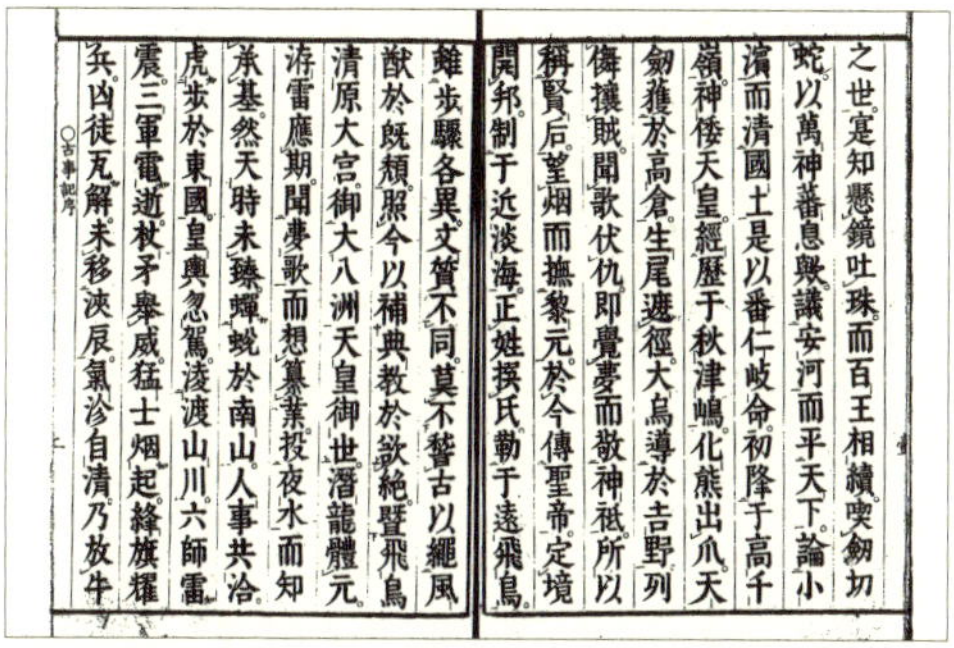
之世寔知懸鏡吐珠而百王相續喫劒切
蛇以萬神蕃息歟議安河而平天下論小
濱而清國土是以番仁岐命初降于高千
嶺神倭天皇經歷于秋津嶋化熊出爪天
劒獲於高倉生尾遮徑大烏導於吉野列
儛攘賊聞歌伏仇即覺夢而敬神祇所以
稱賢后望烟而撫黎元於今傳聖帝定境
開邦制于近淡海正姓撰氏勒于遠飛鳥
雖歩驟各異文質不同莫不稽古以繩風
猷於既頹照今以補典教於欲絶曁飛鳥
清原大宮御大八洲天皇御世潛龍體元
洊雷應期聞夢歌而想纂業投夜水而知
承基然天時未臻蟬蛻於南山人事共洽
虎歩於東國皇輿忽駕淩渡山川六師雷
震三軍電逝杖矛擧威猛士烟起絳旗耀
兵凶徒瓦解未移浹辰氣沴自清乃放牛
○古事記序

『古事記』の序章部分。歴史書として元明天皇に献上された

※神武天皇
日本の初代天皇で天皇家の祖。日向国を出発し、大和を征服、橿原宮で即位した（神武東征）。天皇が即位した月日は明治期に新暦に換算され、2月11日（紀元節）とされた。戦後は、建国記念の日として、祝日となっている。

※ヤマトタケル
第12代・景行天皇の皇子。天皇の命を受け、諸国の豪族を討伐する勇猛の士。東国の蝦夷を平定、その帰途、伊勢の能褒野で病死したとされる。

読むと、史実だと誤解する」※との批判も噴出した。

神話と歴史教育をめぐる対立は、即座にイデオロギーの問題に発展してしまうから、今後も長く続いていくことだろう。

筆者としては、神話は「民族の記念碑」だと考えている。「虚構である」として、全てを無かったこととして扱うのは、余りにももったいない。

とかく現代人は「目に見えるもの」しか信じない傾向があるが、時には、空想の世界や、目に見えないものに想いを馳せ、楽しむことも必要なのではないだろうか。そこから、想像力や発想力が芽生え、鍛えられることもある。例えば、作家・小泉八雲の名著『怪談』は、妻から聞いた日本各地に伝わる伝説、幽霊話に独自の解釈を加えて執筆されたものだ。

少年・青年期は人間にとって、いちばん感受性が豊かな時期だ。日本神話を学ぶことは、それぞれの価値観を創り上げていく手助けになるのではないだろうか。

また、神話のなかには、神様の智恵も盛り込まれているので、読み物としても面白い。神話を単なる歴史教育の道具として捉えるのではなく、文学や道徳など、様々な観点から見ることで自由で豊かな教育に繋がっていくはずだ。

※史実だと誤解する　「神話のすべてをそのまま信用して良いわけではないが、その要素には何らかの事実が反映されている」という指摘もある。

歴史新常識
其の2

【我々はどこから来たのか？】

ころころ変わる人類の起源

●人類誕生の謎

私たちが歴史の授業で最初に習う「人類の起源」は、確固たる事実があるようでいて、意外に多くの変遷を経ている。

1972年の教科書『新訂　新しい社会【歴史的分野】』（東京書籍）では、人類の起源について**「はじめて地球上に現れたのはいつごろのことか、まだよくはわかっていない」**と述べていた。

昭和も、もうすぐ終わりという時期に刊行された『書きこみ教科書詳説日本史』（山川出版社）には**「地球上に人類が誕生したのは、今から約200万年から100万年前」**と書かれている。

それが東京書籍の教科書の2006年度版となると「最も古い人類である猿人※は、今か

※猿人
最古の化石人類。アウストラロピテクスの類で、脳の大きさは現在の人間の3分の1くらいだが、直立し、石器を操っていた。

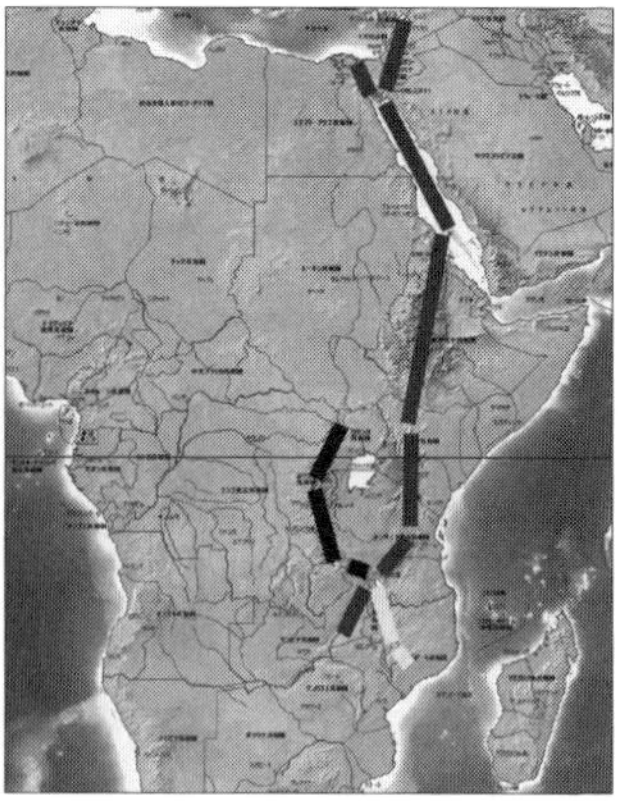

800万年前にアフリカにできた山の位置

ら約400万年前に、アフリカにあらわれました。彼らはサルによく似た動物で、もともとは森林の木の上でくらしていましたが、環境が変わり、森が少なくなってきたため、草原でも食物を探すようになり、うしろあし（足）で大地に立ち、自由になった前あし（手）で、木ぎれや石を道具として使い始めました」と変化する。

2006年度版の記述は、フランスの人類学者、イブ・コパンが1982年に発表した仮説※に基づいている。

コパンの説は「800万年前に紅海沿岸からタンザニアにかけて山々ができたため、西から流れ込む湿った空気が、この山々に遮られ、アフリカ東部の乾燥が進んで森林が減少、広がった草原に隔離された類人猿は、樹上生活から地上での二足歩行の生活に移行して、人類へと進化した。一方、西側の森林に留まった類人猿はチンパンジーに進化を遂げた」というものだ。

つまり、草原の環境に適応して、二足歩行の人類が誕生したというのだ。

●神とサルとヒトと

※仮説
草原を舞台に人類が進化したとするこの仮説は「イーストサイド・ストーリー」と呼ばれている。

人類の起源はいつか？

この難問には、これまで世界中の研究者が新発見で答えてきた。

まず、1924年に南アフリカで人間とも猿とも判別がつかない「動物の頭蓋骨」が、解剖学者レイモンド・ダートによって発見される。この頭蓋骨は、前かがみで直立二足歩行していた人類の祖先のものと考えられ、「アウストラロピテクス」と名付けられた。「南の猿」という意味である。

画期的な発見だったが、「進化論」を提唱した、かのチャールズ・ダーウィン※は、早くも1871年には「われわれの初期の祖先は、どこよりもアフリカに住んでいた可能性が高いだろう」と述べ、アフリカに人類の祖先（類人猿）がいたと想像していた。

だが、「猿と人を結び付けるなんてとんでもない！ 天地万物のすべては、創造主たる神によって創造されたのだ！」として、キリスト教圏からは反発が起きたという。

現在の日本では、進化論は何の違和感もなく受け入れられているが、アメリカではそうではない。かつて、アメリカ各州では、進化論を公立学校で教えることを禁止する法律「反進化論法」が制定されており、その法律をめぐって数々の裁判が起こっている。

有名なものに、1925年の「スコープス裁判」がある。高校教師ジョン・T・スコープスが、ダーウィンの進化論を教えたかどで告発され、裁判の結果、有罪とされてしまったのだ。〝自由の国〟アメリカのとんでもない暗部である。

※チャールズ・ダーウィン（1809〜1882）
イギリスの自然科学者。エディンバラ大学で医学を、ケンブリッジ大学で神学を学ぶ。卒業後、イギリス海軍の測量船ビーグル号に乗り込み、自然や動物の観察に精を出す。帰国後、進化論を提唱し、『種の起源』を刊行した。

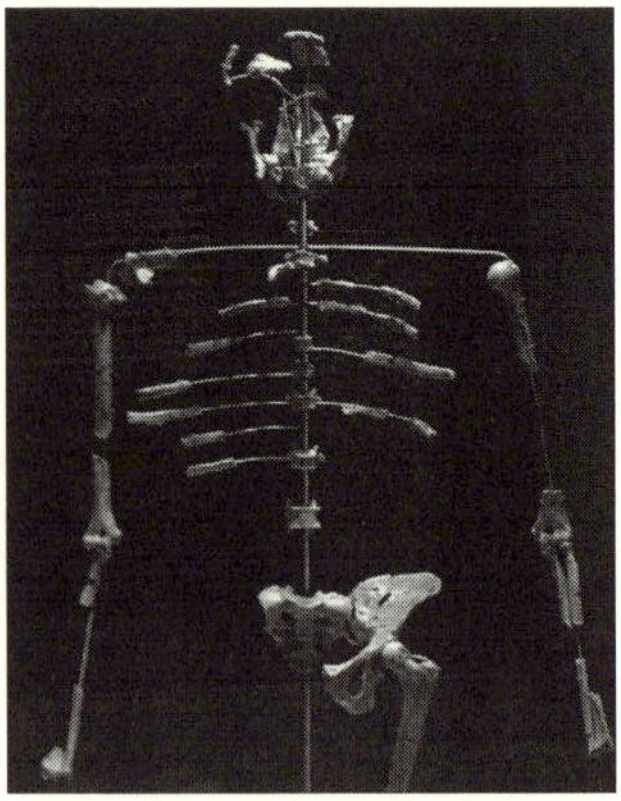

アウストラロピテクスの通称「ルーシー」

「第二次世界大戦」後になってようやく、反進化論法は合衆国憲法修正第1条の「信教・言論・出版・集会の自由」に違反するとする連邦最高裁判所※の判断が出されている。

が、未だにアメリカでは全国民の3人にひとりは進化論を否定し、神が人間を創造したと信じているという。

　彼らは自分と同じく、我が子も〝神の子〟として生きることを望んでおり、進化論を教える学校には通わせず、独自に自宅学習を施したり、キリスト教原理主義の学校に通わせたりしているという。

●日本人も貢献

とはいえ、こうした声をよそに、戦後も猿人の化石がアフリカで発見されている。

1974年、エチオピアで380万年前から300万年前の猿人化石「アウストラロピテクス・アファレンシス」、愛称「ルーシー」が発見されたのだ。4年後には、「アウストラロピテクス・アファレンシス」の足跡と考えられる化石が、タンザニアで発見されている。彼らが二足歩行していたことが、この発見によって確実視された。

※連邦最高裁判所
正式名称は「アメリカ合衆国最高裁判所」。アメリカにおける最上級の裁判所であり、連邦裁判所を統括している。各連邦裁判所は連邦法に従って設置されているが、連邦最高裁判所は唯一合衆国憲法に基づいて設置されている。

平成に入ると、さらに大きな発見が東京大学の諏訪元※の研究チームによってなされる。1992年、約440万年前の猿人化石「アルディピテクス・ラミダス」がエチオピアで発見され、2年後、成果が英国の科学誌『ネイチャー』に発表されたのだ。

化石周辺の動物の化石を研究した結果、ラミダスは森林地帯で生活していたことも明らかとなった。「草原で二足歩行する類人猿が人類の祖先」とするコパンの説に真っ向から反する結論となったのだ。

2000年代に入っても、森林で生活していたとされる人類化石が見つかり、人類の起源は、草原ではなく、森林であった可能性が高まっている。

ちなみに2000年には、中央アフリカのチャドで、猿人の化石が発見された。脳の大きさはチンパンジーとほぼ同じ（360から370cc）であり、700万年から600万年前のものとされる。発見を受けて、最新の歴史教科書には**「地球上に人類の祖先とされる猿人があらわれたのは、今からおよそ650年前と考えられている」**と表記されている。更なる研究の深化が待ち遠しい。

※諏訪元
（1954〜）
日本の人類学者。東京大学総合研究博物館教授。1992年に、当時としては最も古い化石人類アルディピテクス・ラミダスを発見した。「日本を代表する古人類学研究者」として内外で評価されている。

【日本人の主食の誕生】

稲作はいつ、どこから始まった？

歴史新常識 其の3

●稲作はどこから来たのか？

「日本食」と言えば、米を思い浮かべる人が多いだろう。

生産効率が高く、美味しく、栄養価も高い。なおかつ保存にも適している。長所だらけ※の米は、朝鮮半島や中国、東南アジアの国々でも食されている。アジアの高温多湿な気候が稲作に適していることも大きい。

稲作の起源については、1977年に提示された、インドのアッサムや中国の雲南省が発祥だとする説が長らく有力視されていた。

しかし、現在では「アッサム・雲南起源説」は覆されている。

中国の長江下流の河姆渡《かぼと》で、7000年前の遺跡が発見され、そこから炭化米や稲作に使われていた道具が見つかったのだ。そのことから、今では中国長江流域の湖南省あたり

※長所だらけ
精米された白米からはビタミンB1が摂取できないという欠点がある。おかげで日本人は長らくビタミン欠乏症の脚気に悩まされた。

が稲作の起源と考えられている。では、稲作はどのようにして、日本列島に伝わったのか。

昭和の教科書は**「稲作が日本に伝わった経路ははっきりしない」**と書くか、『書きこみ教科書詳説日本史』のように記載すらないものもあったが、研究の進展により、**4つの伝播ルート**が有力候補として挙がっている。

国の史跡に指定されている福岡県福岡市の板付遺跡

「揚子江下流域から九州北部に伝来」、「揚子江下流域から遼東半島を経由して朝鮮半島を南下、その後、九州北部に伝来」、「揚子江下流域から山東半島を経て、朝鮮半島南部を経由して九州北部に伝来」、「中国の江南地方から台湾・沖縄・南西諸島を経て九州南部に伝来」という4つだ。

日本に技術や文化が伝わる際には、必ずといっていいほど朝鮮半島を経由するが、最後の説については九州の南から流入したと主張している。

●始まりは弥生時代ではなかった？

稲作が始まった時代といえば、「弥生時代」と習った人も多いだろうが、この認識は見直しが進んでいる。

1978年、福岡県の板付遺跡※でのこと。縄文時代晩

※板付遺跡　福岡市博多区板付にある遺跡。遺跡は弥生時代のものが主であるが、旧石器・縄文時代や古墳時代、中世の遺跡もある複合遺跡として貴重で、国の史跡に指定されている。

板付遺跡で再現されている古代米の水田

期にあたる2500~3000年前の土器「夜臼《ゆうす》式土器※」が出土する地層から、水田跡や用水路、木製農具や石包丁が見つかったのだ。

夜臼式土器は、鹿児島県から愛知県までの広い範囲から出土しており、この土器の地層から水田跡が発見されたということは、**縄文晩期に水田耕作がスタートしていたと推測できる**のだ。

佐賀県の菜畑遺跡※でも、80年代初めの発掘調査で、水田跡とともに、夜臼式土器よりも少し古い「山ノ寺式土器」が見つかっている。

これらの発見によって、弥生時代の始まりを繰り上げ、縄文時代晩期の土器が出土する時期を「弥生早期」にしようとの意見も出された。

だが、土器が出土する遺跡全てで水田跡や農工具の出土がある訳ではなく「縄文時代晩期」で良いとする見解も根強かった。

昭和の教科書では、西日本からゆっくりと東北地方の中部にまで稲作が広まったとの記述があるが、青森県の垂柳《たれやなぎ》遺跡や砂沢遺跡からは、弥生前期や中期の水田跡が見つかっ

※夜臼式土器
九州地方の縄文晩期の突帯文土器。突帯文土器とは、口縁部や肩部に突帯（主に刻み目が入った粘土の帯）を貼り付けた土器のこと。

※菜畑遺跡
佐賀県唐津市菜畑にある縄文時代前期から弥生時代中期にかけての遺跡。発掘調査によって住居跡・水田跡・貝塚などが発見された。

ており、今では水田耕作は短期間で東北まで伝わったことが分かっている。

●覆される縄文時代のイメージ

また、私たちは縄文人と言えば、もっぱら動物を狩り、木の実を採って食べ、1カ所にはとどまらず移動を続けたと、長い間思い込んできたが、この固定観念は捨てなければならないようだ。

広大な集落遺跡だった三内丸山遺跡の内部

1992年、青森県青森市南西郊外で、新しい県営野球場を建設している際に、縄文時代の遺跡が発見された。2年後には、直径約1メートルの栗の柱が6本見つかり、広大な集落遺跡だったことも判明した。

この遺跡は「三内丸山《さんないまるやま》遺跡※」と名付けられた。

遺跡には、大型竪穴住居が10棟以上、住居跡も数百棟あり、ゴミ捨て場もあったことから、多くて500名以上の人間が住んでいたといわれている。

遺跡からは栗、ヒョウタン、ゴボウ、マメなどの栽培植物も出土した。このことから、彼らは原始的な採取活動だけではなく、栽培も行っていたことが判明した。

※三内丸山遺跡
この地に遺跡が存在することは江戸時代の昔から知られており、弘前藩の諸事情を記した『永禄日記』に1623年に多量の土偶が出土したことが記録されている。

三内丸山遺跡の発見※は、**縄文文化のイメージを大きく変える**ことになった。

最新の教科書には「日本列島で1万年以上も続いた縄文文化は、中国大陸における農耕社会の成立、鉄器の使用の広まりの影響をうけ、大きく変化するようになった。約2500年前の縄文時代の終わりころ、朝鮮半島に近い九州北部で水稲耕作がはじまり、紀元前4世紀ころには、西日本に水稲耕作を基礎とする弥生文化が成立した」と記されるようになった。

余談であるが、同遺跡は、観光遺跡として整備され、「さんまるミュージアム」も建設された。しかし公園化してしまった遺跡に「遺跡としての存在感が薄れてしまった」との声もあるという。どのように史跡を後世へと伝えていくのかも、難しい問題である。

※発見
同時に、「なぜこれほどの集落が放棄されてしまったのか」など、疑問も多く残っている。

歴史新常識
其の4

【畿内説と九州説の永遠の戦い】

邪馬台国はどこにあったのか？

●古代史の鍵を握る問題

邪馬台国《やまたいこく》――。

それは2～3世紀の日本に存在したとされる国で、女王・卑弥呼※が統治していたとされる。中国の史書にも登場するものの、実態は判然とせず、古代史のロマンを象徴する存在として、今なお歴史ファンの注目を集め続けている。

邪馬台国をめぐる論争の最大のテーマといえば、その所在地が「畿内か、九州か」という問題である。

最新の教科書にも**「邪馬台国の所在地については、九州説と近畿説とがある」**と両論併記されているが、昭和の『書きこみ教科書詳説日本史』はというと、所在地の議論に**全く触れていない。**

※卑弥呼
（生年不詳～247年頃）
邪馬台国を統治したとされる女王。巫女的性格をもっていたという。魏の皇帝に使者を遣わし「親魏倭王」の称号と金印を与えられたと言われる。

その広大さから「邪馬台国では！？」と騒がれた吉野ヶ里遺跡

なぜ、にわかに邪馬台国の場所が重要視されるようになったのだろうか？

それは、どちらの説に立つかによって、**大和朝廷の成立時期が変わってくるから**である。

「畿内説」に立てば、天皇家の祖先にあたる大和朝廷が、2世紀末にはすでに西日本の統一を終えていたことになる。

「九州説」に立てば、2〜3世紀の日本は、北九州や大和などに政権が並び立っている状態だったことになる。

邪馬台国の位置は、日本古代史の鍵を握る問題なのである。

しかし近畿や九州の自治体は、それぞれが遺跡や鏡の発見をもって、「我が方にこそ邪馬台国があったのだ」と主張しているのが現状である。

「九州説」が盛り上がったのは、１９８９年、佐賀県の吉野ヶ里遺跡に、最大級の環濠集落※が発掘されたことだった。

「邪馬台国と関係がある遺跡では？」との報道がなされたこともあって、多くの人が遺跡を訪れた。40ヘクタールを超す大規模な環壕集落には、掘立柱建物跡や物見櫓もあり、墓

※環濠集落
周囲に堀をめぐらせた集落のこと。水稲農耕とともに大陸からもたらされた新しい集落のかたちだと考えられている。堀があることから、城の原型でもある。

地からは戦死者と思われる人の骨が見つかった。この広大な遺跡の発見によって、「九州説」が一躍注目された。

吉野ヶ里に続いて、北九州各地の遺跡の調査も進み、銅剣や青銅器工房の跡が見つかり、「九州説」を補強した。しかし、今の段階で「北九州の遺跡が邪馬台国だ」と断言できるまでには至っていない。

福岡県朝倉市の平塚川添遺跡など、吉野ヶ里と似た内容をもつ遺跡も多いからである。もっとも、北九州に邪馬台国がなかったとしても、3世紀頃の九州の文明が高度であったことは間違いない。

●「卑弥呼の鏡」と三角縁神獣鏡

では「畿内説」はどうなのか。

「畿内説」もまた、あやふやな仮説ではなく、考古学的な発見によって補強されてきた。

1953年、京都府木津川市の椿井大塚山《つばいおおつかやま》古墳から、三角縁神獣鏡※32面が出土した。中国の歴史書『三国志』の「魏志倭人伝」には、「魏朝の皇帝が卑弥呼に銅鏡100枚を下賜した」とする記述がある。椿井大塚山古墳から出土した神獣鏡こそ、卑弥呼が賜ったものではないか、と多くの学者は考えた。

1997年には、奈良県天理市の黒塚古墳※から、33面の三角縁神獣鏡が発見される。

※三角縁神獣鏡
周縁部断面が三角形状に突出した鏡。古代中国の神話に登場する霊獣を模様で表現している。

※黒塚古墳
3世紀末の全長約130メートルの前方後円墳。

群馬県前橋市の天神山古墳から出土した三角縁神獣鏡

しかし、「古墳から出土した三角縁神獣鏡でもって、邪馬台国の位置が確定できるのか」という疑義が出る。

実は古墳時代前期の古墳からは、すでに４００面もの神獣鏡が発見されている。今後もっと増えるかもしれない。

権力者の亡骸と共に、大量の神獣鏡が副葬品として埋葬されたということは、権力者にとっての神獣鏡はそれほど珍しいものではなかった、とも解釈できる。

また神獣鏡は魏朝からもたらされたものではなく、国産品だという指摘もなされている。

というのも、神獣鏡と同じような鏡は中国では出土しておらず、また、実在しない年号の銘が入った鏡もあるのだ。

こうした事を考えると、「神獣鏡の発見＝邪馬台国の所在地」と結びつけるのは早計である。

ところが、２０００年代に入って、奈良県の纏向《まきむく》遺跡の箸墓《はしはか》古墳※の調査が進むと風向きが変わってくる。前方後円墳である箸墓古墳の築造年代が卑弥呼の死去年と一致するとの研究結果が発表され、「卑弥呼の墓」の最有力候補になっている。

こうした最新の発見から、現時点では「畿内説」が勢いを得ている。しかし将来、新た

※箸墓古墳
3世紀半ば過ぎに築造されたと思われる大型の前方後円墳。卑弥呼の墓とする研究者も多く、「畿内説」の拠り所となりつつある。現在は宮内庁により陵墓として管理されており、研究者や国民の墳丘への自由な立ち入りが禁止されている。

な発見による「九州説」の逆襲も考えられることから、邪馬台国をめぐる論争はこれからも続いていくことだろう。

●卑弥呼の正体は？

ちなみに最新の教科書は、邪馬台国の卑弥呼について「神につかえる巫女としての呪力で人びとをみちびき、夫はおらず、弟が政務をたすけて国をおさめていたという」と記されている。卑弥呼は247年頃に死んだという。

『三国志』の「魏志倭人伝」によると、その死に際しては、直径100余歩の塚が作られ、奴婢100余人が殉葬された。後継者として男王が立てられたが、国はまとまらず内乱状態になり、そこで卑弥呼の親族である台与※（生没年不詳）を女王に擁立したところ、内乱は鎮まり、国は安定したという。

謎に包まれたままの女王・卑弥呼は、後世、様々な説に彩られた。記紀に出てくる天照大神《あまてらすおおみかみ》だ、とする説や、同じく神話の登場人物である倭姫命《やまとひめのみこと》、はたまた神功皇后《じんぐう》だ、とする説が学者によって提出され、卑弥呼像は深みを増している。

邪馬台国もそうだが、謎は謎のまま、永遠の謎として解き明かされないままでも良いかもしれない。歴史学者としては失格かもしれないが、謎解きが終わってしまって、急速に色あせてしまうロマンもあるのだから。

※台与（いよ）
（235～没年不詳）
邪馬台国の女王・卑弥呼の宗女であり、その跡をわずか13歳で継いだとされる。台与が女王となったことで内乱は治まったとされるが、その後の消息は謎。

歴史新常識
其の5

【謎に包まれた巨大国家】

大和朝廷をどう呼ぶか？

●日本初の統一政権？

大和朝廷は、３世紀から始まる古墳時代※に、倭国の王を中心として有力氏族が連合して成立させた政権であり、その権力基盤は、そのまま日本の皇室に連なっているとされる。

昭和の教科書には、こうあった。

天皇の祖先を中心とする大和朝廷は、伝説では九州の日向地方からきたというが、おそらくは大和平野の南部におこったものであろう。この大和朝廷は、比較的短期間に、畿内を中心に東は中部地方から西は九州までを統一した。統一の時期については、邪馬台国が大和にあったとするか、北九州にあったとするかによって異なってくるが、いずれにしても、朝鮮半島に進出する４世紀の中ごろには、日本の統一はおわっていた。

※古墳時代
弥生時代の次の時代であり、７世紀までをこう呼ぶ。初めて統一国家が成立したと考えられ、日本にとって重要な時期である。

一般的に、4世紀から6世紀後半にいたるまでの近畿、特に奈良盆地を中心とする政治権力が「大和朝廷」と定義される。

それが最新の教科書になると「初期の古墳のなかでもっとも規模が大きいものが奈良県（大和）にみられることから、この地方が政治的連合の中心であると考えられ、これをヤマト政権とよぶ」と、**呼び方と表記が微妙に変化している。**※

なぜこのような違いが生まれたのか。

※近畿地方に巨大政権があったことを示す前方後円墳

●変遷していく呼び方

理由として挙げられるひとつに「朝廷」という用語がある。朝廷とは「君主制下で官僚組織をともなった政府および政権」のこと。

しかし、大和朝廷は、現在では「大王を中心とする豪族たちのゆるやかな連合勢力」と位置付けられている。「ゆるやかな連合勢力を朝廷と位置付けるのはいかがなものか？」という見解が受け入れられ、「政権」と呼ばれるようになったのだ。※

さらに、「ヤマト政権」と、カタカナで表記される場

※変化している　ただし『書きこみ教科書詳説日本史』のように、昭和時代から、すでに「大和政権」と記す教科書もあった。

※呼ばれるようになった　諸官制の整わない状況で「朝廷」の用語を用いるのは適切でないとの指摘もある。

※画像は国土画像情報（カラー空中写真）を基に作成。

東征に抵抗する豪族を平定する、朝廷の始祖たる神武天皇

合もあり、これにも意味がある。

「大和」というのは、８世紀後半に施行された法令「養老律令」に基づく、現在の奈良県地域を示す行政区画であり、それ以前は「倭」や「大倭」の文字が用いられてきた。

　また、「大和」には他にも国号・日本（倭）の訓読だったり、奈良盆地の東南部である三輪山麓一帯の名前だったりと、多くの連想対象がある。

　こうした紛らわしさを避けるために「ヤマト」と記すようになった※のだ。

●「ヤマト朝廷」が正しい

「ヤマト政権」と表記すると、「大和朝廷」に比べて、いかにも近畿の一部分の、狭い範囲を支配した王権のように思われるが、そんなことはない。

　１９６８年、近畿から遠く離れた埼玉県行田市の稲荷山古墳から、銘文が刻まれた鉄剣が出土した。その４７１年の銘文には、ワカタケル大王（雄略天皇※）に仕えたとする乎獲《ヲワ》居《ケ》という臣のことが出てくる。さらに、遠く熊本県玉名郡の江田船山古墳から出土した大

※記すようになった
他にも理由があり、最新の教科書には「この地域は現在の奈良県北部に位置しており、律令制のもとでは大和国に含まれるが、大和国よりせまい範囲と考えられることからヤマト政権と表記される」と注記がある。

※雄略天皇
第21代の天皇。5世紀後半頃の天皇だといわれる。中国の歴史書『宋書』『梁書』では倭王・武として登場する。履中天皇の皇子の市辺押磐らを殺害するなど、残酷な行いをした天皇としても知られている。

刀銘文にも、雄略天皇の御代、无利弖《ムリテ》という者が、典曹という文書を司る役所に仕えていたことが記されている。

これらの事実から、王権の勢力範囲は、東国から九州まで及んでいたことが分かる。

最新の教科書には**「倭（日本）では、4世紀のなかごろまでには、大和地方を中心としたヤマト政権が勢力を拡大し、大和地方の王は地方の首長を統合して大王とよばれた」**と書かれている。しかも、未熟ではあるだろうが、官僚機構も備えていたことがわかる。

先に記したように、朝廷とは「君主制下で官僚組織をともなった政府および政権」のことである。

とするならば「ヤマト朝廷」と表記しても、なんの問題もない※ように思われる。

この「朝廷」から「政権」への名称変更にも、神話の項目で前述したような、「なるべく天皇の権威を弱く見せよう」、「朝廷の歴史と日本の歴史を分断しよう※」という勢力の思惑を感じざるを得ない。

※なんの問題もない
名称のことを熱く議論しても、最終的には生産的でない、つまらない水掛け論になってしまう可能性が高いからだ。

※分断しよう
例えば、ほとんどの中学校の歴史教科書には初代天皇である神武天皇の名前は出てこない。その結果、建国の物語や初代天皇の名を知らない子供達が増えているという。

【超人の虚像と実像】

聖徳太子は実在したのか？

歴史新常識 其の6

●飛鳥時代を代表する偉人

聖徳太子の名を知らない日本人は、ほとんどいないのではないだろうか。

用明《ようめい》天皇の皇子として生まれ、のちに叔母にあたる推古《すいこ》天皇の皇太子にして摂政となる。

そして、最初の冠位であり、冠の色によって位階を表す「冠位十二階」と、君臣の道を儒教・仏教の思想を取り入れて定めた「憲法十七条」の制定によって内政を整備、外交では遣隋使を遣わし、大陸文化の導入にも尽力する。仏教を篤く信仰し、法隆寺や四天王寺を建立して経典の注釈書「三経《さんぎょう》義疏《ぎしょ》」を著したことでも知られる。

昭和の『書きこみ教科書詳説日本史』にも「推古天皇は、翌年、甥の聖徳太子を摂政とし、国政を担当させた。太子は大臣の蘇我馬子※と協力し、内外の新しい動きに対応して国政の改革にあたることになった。（中略）聖徳太子はまた、604年に憲法十七条を制定し、

※蘇我馬子
（生年不詳～626）
飛鳥時代の豪族。稲目の子。敏達天皇から4代にわたって仕えた。政敵・物部守屋を滅ぼし、崇峻天皇を暗殺するなどして権勢を確固たるものにした。

豪族たちに、国家の役人として政務にあたるうえでの心がまえを説くとともに、仏教をうやまうこと、国家の中心としての天皇に服従することを強調した」と記されている。

まさに聖徳太子は、確固たる政治理念と豊かな教養を併せ持ち、国政を指導した、**飛鳥時代を代表する偉人として認識されてきた**といえよう。

「救世《くぜ》観音《かんのん》菩薩《ぼさつ》が聖徳太子の母の口から胎内に入り、彼を身籠った」、「10人の請願者の話を同時に聞いて正確に理解し、それぞれに的確な答えを返した」といった〝超人伝説〟も多く残っている。

しかし、最新の教科書になると「馬子や天皇の甥の聖徳太子（厩戸王《うまやどのおう》）らが新しい国家体制づくりにとりくみ、603年には冠位十二階の制を定めた」と記載されるようになった。**厩戸王との記述が登場しただけでなく、太子の事績やリーダーシップがずいぶん薄味になってしまった**印象※がある。

古代を代表する偉人・聖徳太子

これは、太子の事績について否定的な評価をくだす歴史学者たちが登場したからに他ならない。代表格は、当時、中部大学の教授で古代政治史を専門とする大山誠一※である。

彼は太子の功績について、「史実と確認できる

※印象
昭和の教科書でも聖徳太子（厩戸王）と記述しているものもある。

※大山誠一
（1944〜）
日本の歴史学者。中部大学名誉教授。専門は日本古代史。「聖徳太子は実在しない」との見解を発表し、賛否両論を巻き起こした。

聖徳太子が激怒させた隋の煬帝

のは、先にも述べたように、厩戸王という一人の王族の存在と、彼が斑鳩宮に住み氏寺の法隆寺を建立したということぐらいである」と、著書のなかで記している。

そして大山は「宮と寺を建立したのだから、それだけでも有力な人物であったということはできる」としながらも「たぐいまれな存在とまでは評価できない」と厳しい判定を下しているのだ。

なにを根拠に、こうまで否定的な評価を下したのか、見ていこう。

●覆される数々の功績

まずは、『日本書紀』に記述が見られる、聖徳太子が作ったとされる有名な「憲法十七条」である。

「和を以て貴しと為し」のフレーズは、とても印象的であるが、大山は、同憲法は太子の作ではないとする。憲法の文章は、数十種類の中国古典から引用されていて、豊富な教養を持った人物が書いたことと、文章が後年代に書かれた『日本書紀』や『続日本紀』に似ていることから、『日本書紀』の編者が「聖徳太子」の名前を借りて、創作したもの※だという。

※創作したもの
創作説の歴史は古く、江戸時代末期には狩谷棭斎が提唱している。彼も『日本書紀』作者の創作だとしている。

また、次のようなエピソードを示し、憲法に対する疑いを述べている。

607年、推古天皇から第二回遣隋使に託した皇帝・煬帝※への国書は「日出ずる処の天子、書を日没する処の天子に致す」の一文が有名だが、これを見た煬帝は「無礼な蕃夷（野蛮人）の書は、今後自分に見せるな」と激怒したとされる。

遡ること7年前の第一回遣隋使の時のやり取りは『隋書』に記載されている。

その際、日本側の使者は「倭王は、天を兄とし、日を弟としている。倭王は天が明けない暗いうちに政治を行い、日が出て明るくなると、弟に政治を任せて引っ込んでしまう」と述べた。隋の文帝※は、この話を聞き「道理を欠いている」と呆れ、教え諭したという。

大山は、この2つの逸話をもって、当時の日本が「中国の思想や政治秩序をまったく理解していない」とし、このような状況では、中国の古典を真剣に勉強し、憲法十七条を作ろうという気運は生まれなかっただろうと推測する。

つまり、『日本書紀』に載っている憲法の文章は、聖徳太子が生きた時代の文化水準に合わない。よって、憲法は太子作ではなく、『日本書紀』の編者が創作したものだという。

先ほど紹介した「三経義疏」にも疑いの目が向

遣隋使を優しく諭した隋の文帝

※煬帝（ようだい）
（569～618）
隋朝の2代皇帝。大運河の建設や、高句麗遠征で人民を使役したために、亡国の君主として悪評高い。最後は臣下に殺害された。

※文帝
（541～604）
隋朝の初代皇帝。北周の静帝の禅譲をうけて帝位につき、突厥（とっけつ）、陳を滅ぼして天下を統一した。官制・兵制・均田制を施行して中央集権体制の基礎を築いた。

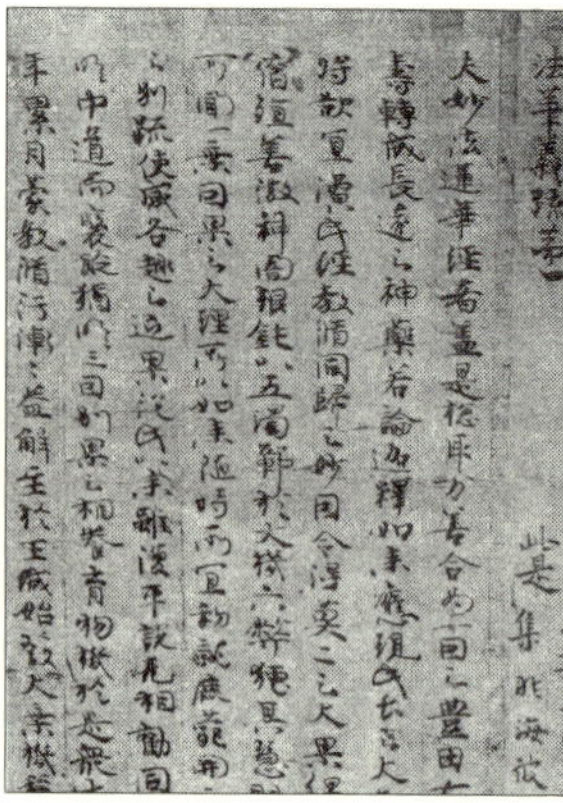

聖徳太子直筆とされる『法華義疏』

けられている。

「三経義疏」は『法華義疏《ほっけぎしょ》』、『勝鬘経義疏《しょうまんぎょうぎしょ》』、『維摩経義疏《ゆいまきょうぎしょ》』の総称であり、『法華義疏』以外は、同時代の写本が伝わっているのみで、太子の自作かはっきりしていない。

しかし『法華義疏』だけは、聖徳太子自筆の草稿とされるものが現存している事から、「正真正銘の太子作」だと考えられてきた。

ところが、大山は『法華義疏』も太子が書いたものではないと主張する。

もともと『法華義疏』は、太子が生きた時代からずっと後の天平時代になって、僧の行《ぎょう》信《しん》が法隆寺に奉納したことで突如として世に知られるようになった。行信は法隆寺東院の復興に尽力した者であるが、大山は「怪しげな僧侶」と断じる。

その理由は、『続日本紀』の「薬師寺の僧・行信、八幡神宮の主神・大神田麻呂《おおがのたまろ》らと、意を同じくして、まじないで人を呪った」※という記述による。

ここで出てくる薬師寺の僧・行信と、法隆寺の行信を別人とする意見もあるが、大山は「同じ時代の同名の僧侶なのだから、同一人物と考える方が自然」と解釈している。

そして、人を呪うような怪僧が奉納した『法華義疏』は信用できないというのだ。

※人を呪った
行信が人を呪う罪を犯したのは７５４年のことで、それによって下野薬師寺に左遷されている。

●あらゆる証拠が否定される

また大山は、聖徳太子の実在を確かなものとしてきた「天寿国繍帳《てんじゅこくしゅうちょう》」にもメスを入れる。

天寿国繍帳とは、聖徳太子の妃・橘大郎女※が、太子の死を悼んで、推古天皇に制作を依頼した染織工芸品である。繍帳には、制作の事情を記した銘文が刺繍されているが、大山は銘文の記述から、繍帳の制作年代に疑問を投げかける。

銘文に、当時使われていなかったはずの天皇号や、貴人の死後におくられる和風の諡号《しごう》が見えるので、推古天皇の時代に作られたものではない、というのだ。「天皇号は、天武朝頃に、唐の影響を受けて採用された称号であるし、和風諡号は『古事記』『日本書紀』の編纂以前には確認できず」と、大山は自説の正しさを述べる。

太子（右）を深く信頼していた推古帝（左）

以上に記してきたような事柄から、「聖徳太子の偉大さや実在性を証明するものは存在しない」というのが、大山の主張だ。

が、この説に対する根強い批判も存在する。

まず天寿国繍帳に関して、美術史家のなかには、繍帳の縫い糸や豊富な配色の仕方は、千葉県木更津市の金鈴塚《きんれいづか》古墳から出土した6・7世紀の染織品と共通しているという指摘がある。

※橘大郎女
（たちばなのおおいらつめ）
（生没年不詳）
飛鳥時代の皇族で聖徳太子の妃。父は敏達天皇の皇子で、推古天皇の孫にあたる。622年に聖徳太子が死ぬと、推古天皇に願い出て「天寿国曼荼羅繍帳」を作らせた。これは太子の死を悼んで、死後に行ったとされる天寿国の様子を描かせたものといわれる。

また、繍帳に描かれた男子の服装や鐘つき堂に吊られている鐘は、飛鳥時代に相応しい表現だとしている。天皇号についても、繍帳が飛鳥時代にできたと実証できるなら、逆に天皇号が当時すでに使われていた可能性について考える必要があると指摘する。『法華義疏』に関しても、書体や文体から7世紀のものであり、聖徳太子以外の著者は考えられないとの見解である。

「憲法十七条」についても、『日本書紀』に掲載されたものであるから、太子の時代の文章と異なるのは当然としながらも、存在そのものを否定することはできないとしている。というのも、憲法の文体が『三経義疏』と似ていること、憲法と冠位十二階に見て取れる「礼」※の精神の重視は、聖徳太子が両方の作者であることを示しているというのだ。

このように聖徳太子をめぐる「実在・非実在論争」は、複雑な様相を呈し、現在もなお続いている。それを受けて、教科書の記述もどちらともとれる**玉虫色の内容で静観しているる**のが現状なのである。

※礼　儒教の教えのひとつである、社会の秩序を守るための生活規範。

歴史新常識
其の7

東北の英雄 阿弖流為と中央史観

【教科書が映す差別意識】

●中華思想から生まれた蝦夷

2016年5月、民族差別などを街頭で煽る「ヘイトスピーチ」の対策法である「ヘイトスピーチ解消法」が、衆議院本会議で可決された。在日外国人に差別発言を繰り返す団体などへの抑止効果が期待されるが、実はかつての日本では、**同じ日本人に対して根強い差別感情があった。**

6世紀ごろに成立した、中国の宋国について書かれた『宋書※』という歴史書がある。そのなかの「夷蛮伝　倭国条」には、「倭王・武（雄略天皇）の上表文」が掲載されている。それによると、倭王は代々、戦いのなかに身をおき「東は毛人《もうじん》征すること五十五国」だったという。毛人とは、現在で言えば群馬県と栃木県にあたる「毛野国《けぬのくに》」に住む人々である。「エミシ」とも読み、これは「弓《ゆみ》師《し》」が訛ったものとの説もある。弓師とは、弓矢での戦

※宋書
宋・斉・梁に仕えた沈約が斉の武帝に命ぜられて編纂した歴史書。多くの関係者が存命の時代に編纂されたため、同時代資料を多く収録しており、資料的価値が高い。

異形の野蛮人として描かれた蝦夷の軍

いを得意とする強者の意味である。その事から、佐伯今《さえきのいま》毛人《えみし》など、好んでエミシの名を使った豪族もいた。

しかし、7世紀も半ばになると、エミシには「夷」や「蝦夷」の文字が当てられ、東北の地の、中央政権に従属しない豪族を指すようになった。8世紀になると、東北地方の日本海側に住む人々は「狄」、太平洋側に住む人々を「夷」と、分けて呼ぶようになる。狄は「北の野蛮人」、夷は「東の野蛮人」を指し、差別語である。

これには、中国の中華思想の影響がみてとれる。中華思想とは、中国こそが世界の中心であり、辺境の異民族は野蛮人だとして差別する考え方だ。北の遊牧民族は「北狄《ほくてき》」、南方から渡航してきた西洋人などは「南蛮」、日本人など東の異民族を「東夷《とうい》」、西域と呼ばれた諸国に住む人々は「西戎《せいじゅう》」と呼ばれた。

この悪習を取り入れた8世紀前半の日本は、東北地方などの辺境に住む人々を、「公民（律令体制※下で戸籍に編入され口分田が班給された国民）」よりも下位のランクに位置付け、蔑視した。

※律令体制
唐王朝で採用されていた法体系。「律」は刑罰に関する法を、「令」はそれ以外の法を意味する。内容的には官僚制や税制などを定める中央集権的な制度であり、日本のそれは唐王朝を模倣している。ただし首長制など、日本独自の氏族的発想に根ざした法も見られ、中国の律令制度とは区別して言及される。

辺境に暮らす人々を差別することで、公民の優越心を満たす目的もあったという。

かつては、東北の蝦夷たちは農耕をしないとされていたが、近年の研究成果で、通説が覆された。すでに稲作の技術は東北にあり、中央の民と変わらない生活を送っていたのだ。

ついつい、「中央は発達していて、地方は貧しい」と考えがちだが、それこそ、我々が未だに差別感情から脱していない証拠であろう。

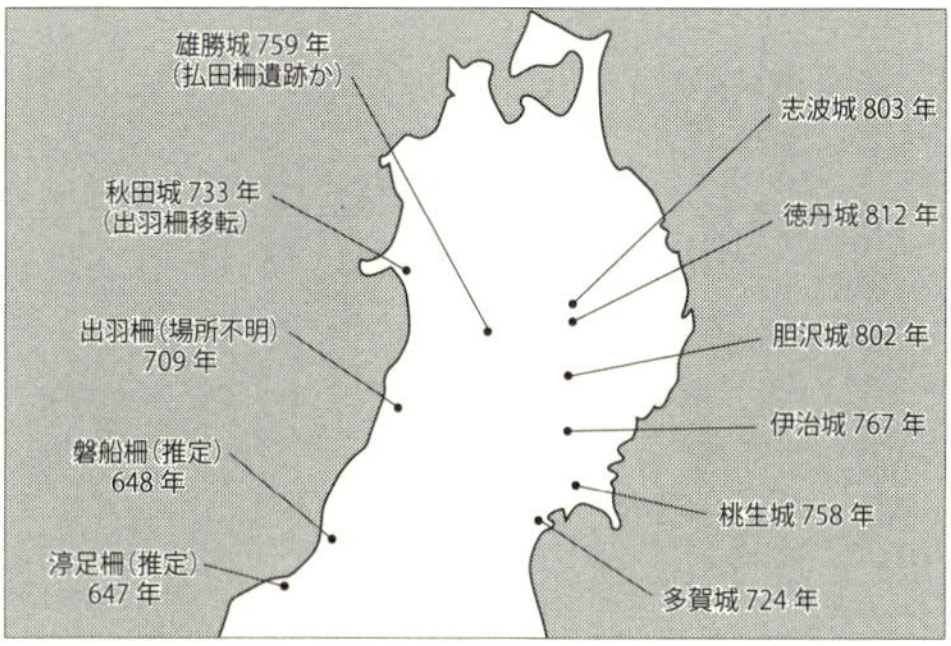

多賀城を端緒として東北地方に築かれていった朝廷の砦の分布

さて、8世紀の後半になると陸奥国（宮城県北部）から黄金が見つかり、朝廷と蝦夷の関係は大きく変わっていくことになる。

すでに8世紀の前半には、秋田城や多賀城※を築くことで秋田県や宮城県の一部は掌握していたが、支配地域の拡大を目指し、北上川沿いに北上して、伊治《いじ》城（宮城県北部）、胆沢《いさわ》城（岩手県南部）、志波《しわ》城（岩手県盛岡市）を設け、進撃していった。

城というと、世界遺産の姫路城のような豪勢で美しい姿を思い浮かべる読者もいるだろうが、「柵」とも呼ばれた古代の城は、それとは異なる。

古代の城は、柵や塀に囲まれた広い敷地の中に、兵舎

※多賀城
奈良時代、蝦夷に備えて、現在の宮城県多賀城市に築かれた城柵。東北地方経営の最大の拠点であり、現在は土塁が残っていて、国の特別史跡に指定されている。

や食料庫、武器庫、行政施設が混在しており、軍事的防御機能と行政機能を併せ持った施設だった。

●中央史観からの脱却

朝廷の度重なる侵攻に対し、激しく抵抗した者がいた。伊治《これはるの》呰麻呂《あざまろ》・阿弖流為《アテルイ》・母礼《モレ》といった指導者である。

なかでも有名なのが阿弖流為だ。

蝦夷討伐に功績のあった坂上田村麻呂

彼は、胆沢城の近くで勢力を持っていた蝦夷のリーダーである。小説家・高橋克彦※の作品を原作としたＮＨＫ・ＢＳ時代劇『火怨・北の英雄　アテルイ伝』が放送されてから、一般にも知名度が増している東北の英雄である。

阿弖流為は、５万人を超える朝廷軍と戦い、２度にわたり撃退した。しかし、征夷大将軍に任命された名将・坂上《さかのうえの》田村麻呂《たむらまろ》の遠征軍には敗れ、８０２年、同志の母礼とともに降伏した。

田村麻呂は助命を願い出るものの、京都に連行される途中の河内国（現在の大阪府）で、２人は処刑されてしまう。

それから阿弖流為は、長く忘れられた存在となった。蝦夷自体が、天皇の威光に従わな

※高橋克彦（１９４７〜）
岩手県生まれの小説家。早稲田大学卒業。『緋い記憶』で直木三十五賞を受賞。東北の歴史を題材にした『炎立つ』『天を衝く』などの文学作品を発表する。

かった「人民を苦しめる悪者」（戦前の教科書『尋常小学国史』）との語られ方をしてきた。

20世紀後半になっても、大阪商工会議所会頭の要職にある人物から公然と「北の方になんぼ住んどるか知りませんが、大体、熊襲《くまそ》の産地、熊襲の国ですから、そんなたんと住んでるはずがない。文化的程度も極めて低いということになれば……」と、差別発言※が飛び出している。

しかし、こうした状況のなかでも、東北を守ろうとした阿弖流為を顕彰しようという動きが徐々に広がりを見せていく。1997年には、**中学校の歴史教科書7社のうち、3社で彼を取り上げた。**

最新の教科書にも「桓武天皇は、坂上田村麻呂を征夷大将軍に任命して（蝦夷の）鎮定をはかった。田村麻呂は北上川中流域まですすみ、一度は政府軍を打ち破った蝦夷の族長阿弖流為を帰順させ、鎮守府を多賀城から胆沢城へ移した」と、**しっかり阿弖流為の名前が登場する**ようになった。

教科書を通じて、こうした埋もれた人物を再評価することによって、いわれなき差別が根絶されることを祈るばかりである。

※差別発言
発言したのはサントリー社長（当時）佐治敬三。そもそも熊襲というのは南九州の蛮族のことを指すのであって、東北のことを言うのであれば、蝦夷が正しい。

【激しい移動に隠れた意図】

聖武天皇　繰り返された遷都の謎

歴史新常識
其の8

●政情不安から遷都を繰り返した？

聖武天皇といえば、奈良の大仏を建立するという国家的事業を推進しただけではなく、**都を移す「遷都」を繰り返した天皇**としても、よく知られている。

その頻度は異常と表現しても差し支えないほどで、740年からの5年間に、4度も都を移しているのだ。

当時は天平という年号に似合わず、疫病・天然痘※が大流行した苦難の時代であり、民衆のみならず、朝廷を牛耳っていた藤原四兄弟（武智麻呂《むちまろ》、房前《ふささき》、宇合《うまかい》、麻呂《まろ》）まで病死してしまい、他にも多くの政府要人が亡くなった。加えて、干ばつや地震などの自然災害が多発し、聖武天皇は頭を悩ませていた。

人材が枯渇した朝廷は、藤原家に代わって橘諸兄《たちばなのもろえ》が右大臣として政治を取り仕切り、そ

※天然痘
疱瘡ともいう。天然痘ウイルスを病原体とする感染症のひとつ。感染力が非常に強く、全身に膿を生じ、治ってもあばたを残すことから世界中で悪魔の病気と恐れられてきた。現在では、「種痘」というワクチン接種による予防が極めて有効とされる。

東大寺盧舎那仏像。建造過程でたくさんの犠牲を払った

れを中国・唐への留学経験がある僧・玄昉《げんぼう》と俊才・吉備真備※が支えていたが、その体制に対して740年、九州の太宰府に赴任していた藤原広嗣《ひろつぐ》が反旗を翻し挙兵。

まさに日本は国家存続の危機にあったといえる。

反乱の報に接するや、聖武天皇はにわかに光明皇后や元正上皇を引き連れ、平城京を出発する。伊賀、伊勢（ともに現在の三重県）、美濃（現在の岐阜県）、近江（現在の滋賀県）などを彷徨った末に、恭仁《くに》京を新しい都と定める。

しかし、わざわざ平城京から運んできた大極殿《だいごくでん》を組み立て終わらないうちに、さらに山奥の近江国に紫香楽宮《しがらきのみや》を建設し、たびたびそこを訪れる。

743年には紫香楽宮に盧遮那仏《るしゃなぶつ》（大仏）建立の詔を発したかと思えば、翌年には難波宮《なにわのみや》に遷都すると言い出す。群臣の反対も虚しく恭仁京は廃都となり、難波宮に移るのだが、結局は平城京に帰還した。

一般に聖武天皇の一連の動きは、**「疫病や反乱に怯えて放浪し、仏に救いを求めて国民に負担を強いた」**といわれており、歴史の教科書もそれを踏襲している。

昭和の『書き込み教科書詳説日本史』には「飢饉や疫

※吉備真備（きびのまきび）（695?～775）
奈良時代の公卿、学者。正二位右大臣。遣唐使として二度も唐を訪れ、一度目は種子島に漂着するも多くの典籍を持ち帰った。聖武天皇や光明皇后の寵愛を受け、一挙に10階昇進。左遷された時期もあったが、再び遣唐使として渡唐、阿倍仲麻呂に再会、鑑真とともに帰国。晩年まで国のために働き、享年83と長寿だった。故郷の倉敷市には吉備真備駅がある。

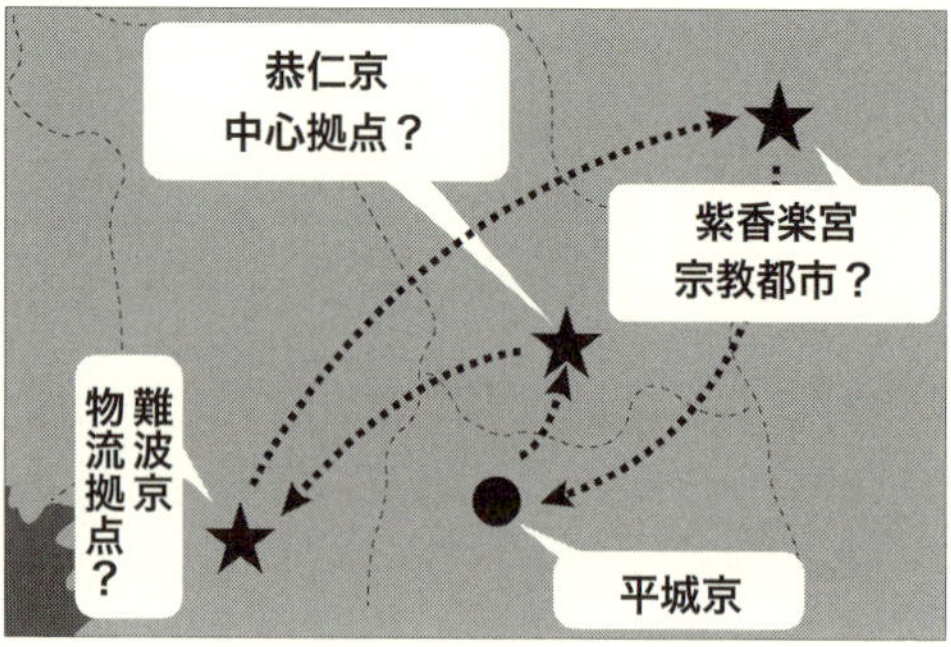

聖武天皇が構想したとの説がある「複都制構想」

病による社会の動揺がはげしくなり、740年には藤原広嗣が玄昉・真備の追放をもとめて九州で乱をおこした。乱が平定された※のちも朝廷の動揺はおさまらず、聖武天皇はそれから数年の間、恭仁・難波・紫香楽と都を移した」とある。

　そして、最新の教科書でも「疫病の流行や政情不安のなかで、聖武天皇は恭仁・難波・紫香楽と都を移し」と、あくまでも**不安からくる放浪だった**と結論づけている。

　ところが、近年、聖武天皇は心理的負担から遷都を繰り返したのではなく、**別に壮大な狙いがあったのではないか**とする説が勢いを増している。

●挫折した複都制構想

聖武天皇の放浪の狙いは何だったのか。

ヒントになるのは、海の向こうの先進国、中国の唐国が採った**「複都制」**である。

これは、複数の都市に首都機能を分散させる仕組みだ。長安城を王都とした唐は、中国大陸を東西に貫流する大河・黄河近くの洛陽《らくよう》を、江南や華北の物資の集散拠点とした。さ

※乱が平定された
聖武天皇の反乱への指示は迅速で、すぐさま大野東人を大将軍に任じ、節刀を授け1万7000人の大軍を出発させている。政府軍の予想外の動きに烏合の衆であった反乱軍は瓦解した。

らに、洛陽の近くの龍門に石窟寺院を築き、仏教の聖地としていた。

日本に目を転ずると、平城京は近くに大きな川がないため、物資を運ぶときは陸路を使わなければならず、増加する人口に都市インフラが追いついていなかった。しかし、恭仁宮に遷都すれば、都の中央に淀川水系の木津川を大胆に取り込み、流通の便を向上させることができるのだ。さらに、恭仁京と繋がる物流拠点として淀川河口の難波宮を、そして紫香楽宮に宗教施設を建設したとすれば、見事に辻褄が合う。

しかも、最近の恭仁京跡の発掘調査により、都は藤原広嗣が反乱を起こす前から建造が開始されていたことが分かってきた。少なくとも、聖武天皇は反乱から逃げ出したわけではなかったのだ。むしろ、混迷の世にあって、先進国にならった**複都制を推し進めることでリーダーシップを確立しようとした**※可能性がある。

しかし、三都の造営と大仏の建立が深刻な財政難を生んだことは間違いない。また、3つもある都のうち、どこを政治の中心とするのかで朝廷内の対立は激化。難波宮派と恭仁宮派で真っ二つに分かれてしまったという。

そんななか、美濃国で大地震が発生し、畿内一円にも被害を与えた。この天災を契機に、聖武天皇は平城京に戻ることを決め、この決断を民衆は大歓迎したという。

苦難の時代にあって、あえて遷都を強行した聖武天皇。その真意を正確に知るためには、さらなる研究の深化が望まれる。

※確立しようとした
一説には、「壬申の乱」の際の大海人皇子（天武天皇）がたどった行軍路をなぞっていたとする説もある。天皇中心の世を確立した大海人皇子にあやかろうとしたというのである。

第二章

武家政権による統治　中世篇

歴史新常識
其の9

【あの語呂合わせが消滅？】

鎌倉幕府はいつ誕生したのか？

●覆る「イイクニ作ろう鎌倉幕府」

どんなに歴史の科目が苦手だった人も、「鎌倉幕府ができたのは？」と聞かれれば、反射的に**「イイクニ（1192年）作ろう鎌倉幕府！」**と答えられるのではないだろうか。

それほど、かつての歴史教育では1192年を「武家政権の幕開け」として、強調して生徒に教え込んでいた。昭和の『書きこみ教科書詳説日本史』には「頼朝は、（中略）1192年、（筆者註・後白河）法皇※の死後には、ついに念願の征夷大将軍に任ぜられた。ここに武家政権としての**鎌倉幕府は名実ともに成立した**」と記され、源頼朝が朝廷から征夷大将軍に任命された年をもって、鎌倉幕府が成立したと書かれている。

ところが平成の教科書になると異変が生じる。最新の教科書には「頼朝は全国を平定し、後白河法皇没後の1192（建久3）年に、征夷大将軍に任じられた」とは記されている

※後白河法皇
（1122〜1192）
鳥羽天皇の第四皇子として生まれる。母は、待賢門院璋子。1155年に即位。六条・高倉・安徳・後鳥羽天皇の御代で、上皇として院政を敷き〝大天狗〟の異名で知られた。

鎌倉武士の守護神で三大八幡宮のひとつ・鶴岡八幡宮

が、それをもって、鎌倉幕府が成立したとは書かれていない。侍所《さむらいどころ》・公文所《くもんじょ》・問注所《もんちゅうじょ》の設置や、守護・地頭を任命する権限の取得など、頼朝政権の勢力拡大の内容も述べられているものの、かたくなに「幕府の誕生」という表現は避けている。

「御家人※の多くは、新たに頼朝から任命をうけて地頭となり、朝廷に没収された平家の旧領や謀叛人の所領にも地頭がおかれることになった。こうして、東国を中心とした頼朝の支配権は、西国にもおよぶようになり、武家政権としての鎌倉幕府が確立した」と記されるのみだ。

お馴染みの年号はなく、**気づけばいつの間にか、鎌倉幕府ができていた**かのような表現だ。

いったい何があったのだろうか？

●決着しない成立時期論争

実は、鎌倉幕府の成立時期については、学界でも多くの説が出ており、未だに決着を見ていない。

近年では、教科書にもその状況が反映されて、年号を

※御家人
鎌倉・室町幕府の将軍譜代の武士。幕府からの「御恩」に「奉公」で応える関係性である。

源頼朝としのぎを削った後白河法皇

掲載しなくなったのだ。

「今日をもって、鎌倉幕府の設立を宣言する！」と頼朝が宣言していてくれたら、こんなに楽なことはないが、当然ながらそんな史料は存在しない。なにせ、鎌倉幕府という用語自体、頼朝が生きた時代には存在していなかったのである。

「幕府」は中国を起源とする言葉で、出陣中の将軍が幔幕を張って、宿営しているところであり、近衛大将の唐名※でもあった。右近衛大将に就いていた頼朝が征夷大将軍に任ぜられたことから、幕府は征夷大将軍の別称となり、ひいては武家政権の政庁を指す用語として使われるようになった。といっても、それは江戸時代中期以降の話である。

中国の歴史を研究していた江戸時代の儒学者によって「〇〇幕府」という言葉が作られたのだ。という訳なので、後付で考えられた鎌倉幕府がいつできたかという問題は、なかなか複雑だ。現在では大きく分けて、7つの説が唱えられている。

①・1180年10月～12月……同年8月、伊豆に流罪となっていた頼朝は、以仁王《もちひとおう》の令旨を受けて反平氏の旗を挙げる。頼朝軍は、「石橋山の戦い※」で敗北するも、関東の武士

※唐名
日本の官職名を中国の官称にあてはめたもの。

※石橋山の戦い
平家に反旗を翻して挙兵した源頼朝が、平家方の大庭景親と神奈川県小田原市で激突し、敗れた戦い。

団の支持を獲得し、同年10月に鎌倉に入る。11月には侍所を置いた。

②・1183年10月……信濃源氏の源義仲※は、平氏を京都から追放するも、軍兵が都で乱暴狼藉を働く。事態を憂慮した後白河法皇は、義仲討伐のため頼朝に上洛を求めた。その見返りとして、頼朝は、東海道・東山道・北陸道について公家・寺社の荘園を持ち主のもとに返還させる内容の宣旨の発給を要求。

朝廷は、北陸道を除き、頼朝の要求を受け入れ、東国における荘園からの年貢納入を保障する「寿永二年十月宣旨」が出る。頼朝は東海・東山両道の支配権を間接的ではあるが獲得することに成功した。

③・1184年10月……政務と財務を扱う公文所※と、裁判事務を行う問注所が置かれた。

④・1185年11月……同年、「壇ノ浦の戦い」で平氏はついに滅亡する。しかし、平氏追討で功績のあった源義経・源行家の反抗的態度は、頼朝の逆鱗に触れ、今

「石橋山の戦い」に敗れ身を隠す頼朝一行（右）を描いた絵画

※源義仲
源氏の武将。2歳のときに父を亡くし、木曽山中で育てられ、以仁王の令旨を受けると挙兵。越前、京で平氏を圧倒するが、源頼朝によって派遣された源範頼・義経に敗れて戦死した。

※公文所
政所（まんどころ）の設置に伴ってその一部局になり、その役割は文書に関する事務だけになった。

源氏が平氏を追い詰め、討ち滅ぼした「壇ノ浦の戦い」の様子

度は義経らが追討の対象となる。

頼朝は、両者追討の院宣を後白河法皇から獲得したばかりか、追討を目的に守護・地頭の設置を承認させる。頼朝の政権は、全国的に軍事権・警察権を掌握したのであった。

⑤・1190年11月……頼朝は律令制における武官の最高位・右近衛大将に任命された。

⑥・1190年11月……頼朝が日本国惣追捕使（守護）・総地頭の地位を得た。

⑦・1192年7月……頼朝、征夷大将軍※に就任。

●新学説は、間違っている？

こうして並べてみると壮観である。

整理してみると①は、頼朝が鎌倉入りし、南関東に軍事政権を樹立したこと、②は

※征夷大将軍
実は1184年には頼朝に先んじて源義仲が征夷大将軍に任命されている。

1183年10月に宣旨を授けられ、東国の荘園の支配権を公認されたこと、③は頼朝政権の内部機関が整えられたこと、④は、頼朝が関東だけでなく、日本全国の軍事警察責任者としての地位を確立したこと、⑤は朝廷から右近衛大将に任命されたこと、⑥は、頼朝が守護・地頭職の任命権を恒常的に獲得したこと、⑦は頼朝が征夷大将軍に就任したことをもって、鎌倉幕府が成立したとしている。

戦後の学会では、守護・地頭の設置をもって幕府の成立とする④の1185年説が有力だった。確かに①、②、③などでは、幕府成立の理由としては弱い気がする。

ところが近年、この7つの説の他にも意見が提出されている。

①と③を除いた5つは、どれも頼朝が朝廷から権利を与えられた事を幕府成立の時期としている。

抜群の功を持つも、兄に討たれた源義経

新説は、この「朝廷の権限付与＝幕府成立」という構図を否定し「源平合戦の現実から幕府の成立を考えるべきだ」と述べ「幕府権力の実質的な形成は、戦争と戦後処理※の政治過程の中でなされたため、ある特定の時点を幕府成立時期として指定することはできない」と主張する。

この見解は一定の支持を受け、最新の日本史教

※戦後処理
源氏と平氏の因縁は深く、「源平の戦い」が決着すると徹底した「平家狩り」が行われた。「平家の子孫を見つけ出した者には褒美を与える」というお触れが出ると、色白で、眉目うるわしい子が「これは何の中将の若君、かの少将の子たち」などとあらぬ疑いをかけられ皆殺しにされたという。

科書も成立年度の明記を避け**「あいまい記述」**としたのだろう。

朝廷からの権限付与は、歴史のターニングポイントではないとの新説の裏には、「日本史における天皇の影を薄くしたい」という考えが透けて見えなくもない。この説を唱える歴史学者がそうだというわけではないが、学界のなかには、「反天皇制」を掲げる人々も大勢いるということは述べておこう。

もし関東の頼朝の軍事集団が、朝廷から権限を付与されていなかったら、どうなっていたか？

きっと、どんなに勢力を広げても、単なる辺境の軍事政権※だと見なされ頼朝は「鎌倉殿」と呼ばれるだけで終わっていただろう。朝廷から、様々な権限や官職を授与されたからこそ、頼朝の政権は正統性を持ち、強大化することができたのである。

そうした理由から、私は、従来通り朝廷から頼朝が征夷大将軍に任命された⑦こそが、鎌倉幕府の成立年度だと考えている。読者諸氏には胸を張って「イイクニ（1192年）作ろう鎌倉幕府」を覚えていてもらいたい。

※辺境の軍事政権
歴史を紐解くと、辺境に巨大な勢力を持つ指導者は、奥州藤原氏のように徹底して朝廷から信頼を得る努力をしない限り、いずれ逆賊として討滅される運命にある。

【あなたは一体だれ？】

偉人の肖像画論争の最前線

歴史新常識 其の10

●あなたは頼朝ですか？

鎌倉幕府を開いた征夷大将軍・源頼朝の肖像画といえば、束帯※姿で笏※を持ち、鋭い眼光と口髭・顎髭を蓄えた肖像画をイメージする人が多いに違いない。

長きにわたり、テレビ番組でもこの肖像画を頼朝として紹介してきたし、昭和の歴史教科書にも**「源頼朝像」**として記載されている。ところが最新の教科書になると、記述に変化が現れる。

有名な頼朝画像は掲載されているものの、説明文に「伝源頼朝像　貴族の正装である束帯姿の人物像。源頼朝像と伝えられ、似絵の第一人者であった藤原隆信筆といわれている」との一文が挿入されるようになったのだ。

つまり**「この肖像画は頼朝を描いたものではないかもしれない」**と断りを入れている。

※束帯（そくたい）
平安時代以降の男子の正服。

※笏（しゃく）
束帯の着用の際、右手に持つ細長い板。

源頼朝……だと思われていた肖像画

なぜこのような事態になったのだろうか？

そもそも、この有名な頼朝画像を伝えてきたのは、京都市右京区にある高野山真言宗の神護寺。鎌倉時代初期に文覚上人が復興したといわれる由緒ある寺だ。

神護寺には源頼朝像の他にも平重盛像・藤原光能像と伝わる画像が伝来している。しかし、この三画像の画面に像主（被写体）の名前は記されていない。例えば、頼朝像の画面のなかに、「源頼朝」との説明文はないのだ。

では、この画像が、頼朝の肖像画といわれる根拠は何なのだろう。

それは、14世紀に書写されたといわれる『神護寺略記』の記述だ。同書に、「神護寺の仙洞院には、後白河法皇・平重盛※・源頼朝・藤原光能※・平業房らの画像が存在し、それらは藤原隆信によって描かれた」と記されているのだ。隆信は１１４２年の生まれで、平安時代末期の貴族。二条天皇や後鳥羽天皇に仕えた人物だ。

また、神護寺の他に、意外にも大英博物館に、頼朝像として描かれた画像が伝来している。この大英博物館の画像が、神護寺の画像がよく似ていることも、その信頼性を補強したとされる。

※平重盛
（１１３８～１１７９）
平清盛の長男。誠実で武勇に優れた人物として知られる。清盛による後白河法皇幽閉を諫めた逸話は有名。父に先立って病死した。

※藤原光能
（１１３２～１１８３）
藤原忠成と、源季忠の娘の子。後白河院の近臣として仕えた。

さらに、凛々しく、いかにも大人物であり同時に怜悧な印象を併せ持つ肖像画のたたずまいと、頼朝のイメージがぴったり重なったことも大きい。父を平清盛に殺され、伊豆でひたすら雌伏の時※を過ごし、力を蓄えて挙兵。源氏の力を結集して平氏を倒し、武家政権を樹立するものの、その存続のためなら一族をあっさりと切り捨てる……。いかにも肖像画の人物がやりそうなことである。

教科書などの出版物は、頼朝を紹介するときにどうしても肖像画の画像が欲しい。「頼朝だと伝えられているなら、そうなのだろう」と我先に神護寺の肖像画を掲載したことで、一般にはすっかり浸透してしまった。

頼朝（？）の肖像画を伝えてきた神護寺

●懐疑論の噴出

しかし、「神護寺の肖像画＝頼朝説」の傍証となった大英博物館の肖像画は、1920年に博物館入りしたということ以外、伝来した経緯も不明で神護寺の肖像画との関連も不明なままだった。

さらに「画像は3つあるのに、どのようにしてそれぞれを源頼朝・平重盛像・藤原光能像と比定したのか、その対応関係はどのようにつけられた

※雌伏の時
伊豆では北条時政の力を得て、その娘・政子を妻とする。北条家の力が頼朝挙兵の源泉となり、のちに鎌倉幕府は北条家が牛耳ることになる。

平重盛の肖像画。新説では足利尊氏

のか」もあいまいなままだった。

明らかに、十分な裏付けがないまま、頼朝像とされてきたのである。

当然、学界からは異説が提出され、１９９５年には「神護寺の画像は頼朝ではない」との主張がなされた。

顔の部分や耳・眼・眉・唇の描かれ方が、14世紀前半に書かれた夢窓疎石※像によく似ていること、１３４５年に、足利幕府初代将軍・尊氏※の弟である直義※が、神護寺に自分と兄の画像を奉納したという願文「東山御文庫文書」が存在することから、「３つの画像のうち、２つは尊氏と直義ではないか」というのである。

複数の画像がセットの場合、向かって右側には上位の人を、左には下位の人を置く。よって、尊氏は右の位置、直義は左に置かれるはず。

このことから、右を向いている源頼朝とされてきた肖像画が直義像、左向きに描かれた平重盛像とされてきた肖像画が尊氏像であるというのだ。もうひとつの伝藤原光能像は、京都等持寺にある足利義詮（尊氏の子）の木像と似ているということで、義詮とされた。

※夢窓疎石
（むそう　そせき）

（１２７５〜１３５１）

伊勢国生まれの臨済宗の僧。後醍醐天皇や足利尊氏の尊崇を受け、京都嵯峨に天竜寺を開山する。

※足利尊氏
（あしかが　たかうじ）

（１３０５〜１３５８）

足利幕府初代将軍。後醍醐天皇に味方し、鎌倉幕府討伐に尽力。倒幕後は、後醍醐の建武政権に加わるも、叛旗を翻す。光明天皇を擁立し、幕府を開く。

※足利直義
（あしかが　ただよし）

（１３０６〜１３５２）

足利貞氏の子。尊氏の弟。兄・尊氏とともに足利幕府創設に尽力するも、不和となり毒殺される。

●権威と伝統への挑戦

大胆な新説には大きな反論がつきものだが、この時もそうだった。

反論の根拠は、既に紹介した大英博物館の源頼朝像だ。

この画像の制作年代は、14世紀の中期と考えられており、その手本になった神護寺の画像も、14世紀には源頼朝画像として伝えられてきたはずという見解である。ところが、大英博物館の肖像画の上部に書き込まれた文章を分析すると、思わぬことが判明した。

文中にあった「幕府を開く」「平族」との表現は中世ではなく、江戸時代に使われる語句であり、しかもそのいくつかは17世紀末に編纂された『本朝通鑑』※が初出のものもあった。

これによって、大英博物館の源頼朝像は17世紀末以降に描かれたことが分かったのだ。

藤原光能の肖像画（新説では足利義詮）

つまり、大英博物館の画像を根拠に、神護寺の画像を「源頼朝である」と主張することは難しくなった。

神護寺の画像はいったい誰なのか、現在も論争は続いている。この状況が教科書に反映され、「伝源頼朝像」との記述が登場したのだ。

頼朝だけではない。

足利幕府初代将軍・尊氏の肖像画にも変動が起

※本朝通鑑（ほんちょうつがん）
漢文体で書かれた国史。前編・正編・続編の3編構成。江戸幕府の命で林羅山が編纂し、1670年に完成した。

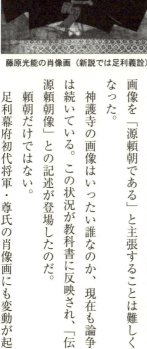

どうやら尊氏ではなかった騎馬武者の男

きている。

これまでは、黒い馬にまたがり、大太刀を担ぐ、厳つい髭をはやした武将が、足利尊氏とされてきた。

ところが、最近の教科書では「騎馬武者像」と記されるか、この画像を掲載しないかのどちらかとなってしまった。

最初にこの画像を「尊氏を描いたものだ」と判定したのは、江戸幕府の老中・松平定信※が1800年に編纂した、古美術の図録『集古十種《しゅうこじっしゅ》』である。

同書は貴重なものではあるが、誤りも多い。

しかも、尊氏の死後、400年経過してからの書物だ。信用が置けるとは限らない。

案の定、「尊氏でない」とする説が出された。画像に描かれた武具や家紋を検討した結果、「足利家の有力武将・高師直※（あるいはその一族の者）ではないか」との説が登場したのだ。というのも、描かれていた家紋は高一族の家紋「輪違い紋」だが、足利家の家紋は「引両紋」なのである。このように、よくよく検討すれば疑問点が噴出する史料について、それを権威や伝統の名のもとに放置してしまうと、間違った認識が一般に定着する恐れがある。

権威に挑戦することこそ、新たな学問の創造には不可欠なのである。

※松平定信（1758〜1829）
陸奥白河藩主。田安宗武の子。8代将軍吉宗の孫。藩政に尽力し、天明の飢饉の際に藩内で餓死者を出さなかったという。田沼意次失脚後、老中となり寛政の改革を推進した。

※高師直（こうのもろなお）（生年不詳〜1351）
足利尊氏の執事。幕府創設から幕政に参加する。のちに足利直義を出家に追い込み権勢をふるうも、直義の逆襲にあい、武庫川で一族とともに殺害された。

【元寇に残る最大の謎】

モンゴル軍はなぜ撤退したのか？

歴史新常識
其の11

●日本国最大の危機

鎌倉時代の2度にわたる「モンゴル襲来（元寇）」は、日本が被った最大の国難のひとつ※に挙げられる。昭和の『書きこみ教科書詳説日本史』には、その概要が次のように記されている。

チンギス＝ハンの孫フビライは都を大都（北京）に移して国号を元と定め、高麗を服属させたのち、日本に対してもたびたび朝貢を強要してきた。

しかし、幕府の執権北条時宗はこれをしりぞけたので、元は徴発した高麗の軍勢をもあわせて、1274（文永11）年、まず対馬・壱岐をおかしたあと、大挙して九州北部の博多湾に上陸した。幕府は九州地方に所領をもつ御家人を動員して、これをむかえ討った。

※最大の国難のひとつ　日本の領土に外国の勢力が上陸し、占領に至った例は、近代の「下関戦争」や「第二次世界大戦」など数えるほどしかない。

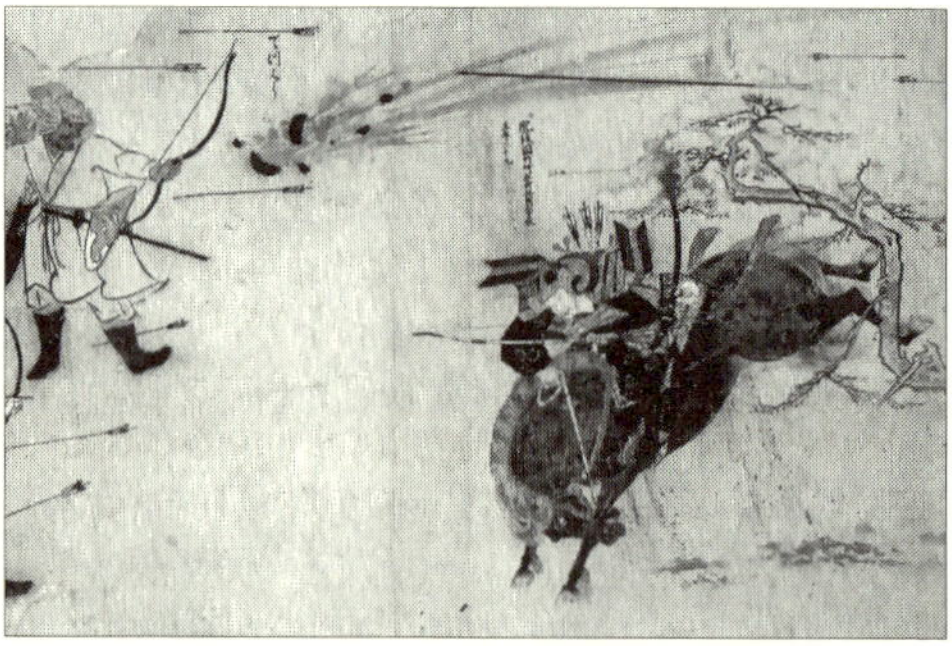

モンゴル軍に果敢に立ち向かう御家人（竹崎季長）

元軍の集団戦法やすぐれた兵器に対して、日本軍の一騎打ち戦法はあまり効果をあげず、日本軍は苦戦した。しかし元軍も損害が大きく、たまたまおこった大風雨にあってついにしりぞいた。

これは1274年のいわゆる「文永の役」の記述である。7年後の「弘安の役」については次のように書いている。

南宋※をほろぼした元は勢いに乗じてふたたび大軍をおくってわが国を侵略しようとし、1281（弘安4）年、朝鮮半島からの東路軍と中国本土からの江南軍との2軍にわかれ、大軍をもって博多湾にせまった。しかし、日本軍によって上陸をはばまれている間に、今度もまた大暴風雨がおこって大損害をうけ、ふたたび敗退した。

つまり、両戦役とも、**暴風雨が元軍撤退の大きな理由だとしている**のだ。

この、いわゆる〝神風〟は、日本人の強い思念が外敵を打ち払った「歴史的事実」とし

※南宋
中国の王朝。遼、西夏など度重なる異民族の侵入に悩まされ、財政難にも苦しみ江南に逃れるが、やがて元に滅ぼされた。江南に逃れるまでを北宋、以後を南宋という。

て、日本人の精神の奥底に刻印されることになる。

そして、近代における日本最大の危機「第二次世界大戦」末期には、「モンゴル軍を追い払った神風と同様に、精神力で鬼畜米英に打ち勝つ」という思想のもと、「神風特別攻撃隊※」が生まれ、多くの若い命が散っていったことはよく知られている。

しかし近年、神風の実態が解明されつつあり、教科書の記述にも変化を与えている。

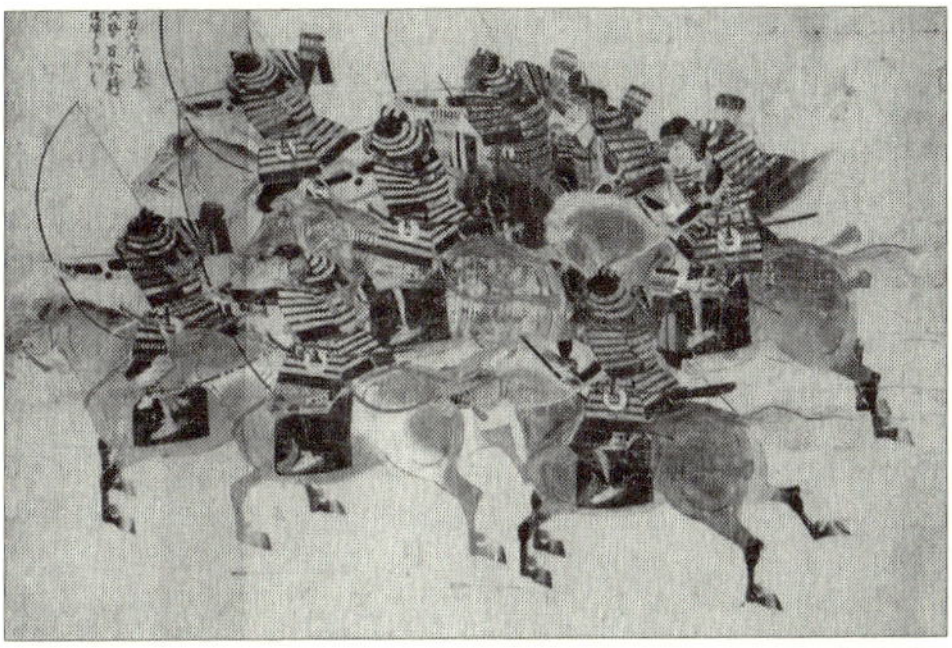

騎馬隊を組み、騎射でモンゴル軍に立ち向かおうとする御家人

単刀直入にいえば、**元軍は「文永の役」の際、暴風雨によって敗退したのではない**、との説が有力になってきているのだ。

まず、当時の記録のなかで最も信頼性のある『八幡《はちまん》愚《ぐ》童訓《どうくん》』の記述。これは鎌倉時代に成立した、八幡神の神威を説く書物で、2度の元寇についても詳しく述べられているが、暴風雨の記述はない。

10月21日の朝、「博多湾の海面をみると、蒙古軍の船は一艘もなく、皆々馳せ帰ってしまっている。皆、滅んでしまうのかと一晩中嘆き明かしたというのに、どうして帰ってしまったのであろうか。ただ事とも思えない」と記してあるのみだ。

※神風特別攻撃隊
太平洋戦争中、日本海軍によって編成された特別攻撃隊。戦局打開のため、戦闘機で敵艦船に対する体当り攻撃を敢行した。

元軍に攻め立てられ、上陸まで許し、絶望の淵に沈んでいたのが、嘘のよう。人々の呆気にとられる様子が目に浮かぶようだ。

一方で、当時の公家・広橋兼仲※の『勘仲記』には、「ある人が言うには、凶賊（元軍）船数万艘が海上に浮かんでいたが、にわかに逆風が吹いて、本国に吹き帰され、少々の船は陸に上がった」と書かれている。

また「文永の役」から1年後に記された「国分寺文書」にも、「蒙古の凶賊等が鎮西に来着し、合戦をしたが、神風が荒れ吹き、異賊は命を失い、その乗船は海底に沈んだり、あるいは入江や浦にうち寄せられた」と記述されている。

「弘安の役」に備えて日本軍が造った広大な防塁の跡地

彼らは「風が吹いた」と証言している。

一体、どちらが正しいのであろうか？

●「神風」の正体は？

すでに1958年には、気象学者の荒川秀俊によって「文永の役の終わりを告げたのは

※広橋兼仲（1244〜1308）
鎌倉時代の公卿。参議を経て、権中納言、従二位。摂関家の執事を務め、元との戦いや朝廷と幕府の関係を記した『勘仲記』を書いた。

台風ではない」とする主張がなされている。確かに神風が吹いたとされる旧暦10月20日は、太陽暦では11月26日であり、季節は初冬である。船団を壊滅させるような大きな台風がやって来たとは考えにくい。

おまけに、モンゴルの正史『元史※（日本伝）』も「官軍整わず、また矢尽きる」とのみ記され、暴風雨には触れていない。確かに元軍は、モンゴル軍と高麗軍の混成で不協和音が生じていたし、充分な蓄えはなかったようだ。

モンゴル側はこの２つを敗因として捉えていたのだ。

「モンゴル軍が暴風雨による敗退を認めたくなかったために、あえてそのことを記述しなかった」という穿った見方もできるが、それを言うのであれば、敵に追い返されたのではなく、不慮の事故（暴風雨）によって敗退せざるを得なかったという方が、まだ名誉が保てたはずだ。

それを考慮すると、『元史』は事の顛末を正直に記録している印象がある。

では「凶賊（元軍）船数万艘が海上に浮かんでいたが、にわかに逆風が吹いて」や、「神風が荒れ吹き、異賊は命を失い」といった当時の記述は何を意味しているのか？

考えられるのは、**元軍が撤退途中に暴風雨に遭遇した**、ということだ。

当時は台風が起こる季節ではないが「冬の対馬海峡には低気圧が発生することがあり、それが暴風雨をともなう可能性は否定できない」という福岡管区気象台の証言がある。

※元史
中国・明王朝で編纂された、元の歴史書。14世紀後半に完成。勅命によって作業が行われたが、短期間の編集であったために不備が多く、後世に多数の改修が加えられることとなった。しかし、もとになった資料の丸写しの文も存在するため、別の意味で資料価値が高い。日本と元の間の交渉や、「モンゴル襲来」に関する記述あり。

モンゴル軍の船に殴りこみをかける御家人たち

元軍は運悪く、それにぶつかってしまった可能性はある。『八幡愚童訓』の別本『八幡愚童記』にも「一艘の敵船が志賀島に打ち上げられていた」との記述があるし、敵側の『高麗史』にも、「たまたま、夜、大風雨に遭い、戦艦、岩石や断崖に当たり、大破した」との文章が載っている。

これらは、元の船団※が博多湾を出て、高麗に帰る間の航海中に、どこかの島近くで海難事故に遭ったことを示していると考えられる。

●九州御家人たちの奮戦

では、もうひとつの戦い「弘安の役」はどうだったのか。

こちらは、「文永の役」と違って、台風によって元軍が敗退したことが確実視されている。

敵側の『元史』に「8月1日、風、舟破る」、「大風、たちまち舟壊にいたる」といった記述が見られるし、日本側の史料にも「大風、波を動かし、賊船、多く漂没」とあるからだ。

この時に吹いた台風は瞬間風速55・6メートルの大型台風だったとされ、博多湾に移動中の元軍は「士卒十のうち、六、七を失う」という大打撃を受けたという。

※船団
モンゴルは日本を討伐するため、属国の高麗に急ピッチで船を造るように指示を出した。急な命令に戸惑ったものの、多くの餓死者と引き換えに数百艘の軍船が完成したという。おまけに、その軍船に乗って日本の遠征軍に加わるという役目も残っていた。

これぞ、まさに〝神風〟であった。

もっとも、元軍には疫病が流行しており、すでに士気が低下していた。

一方の日本軍はというと、「文永の役」で上陸を許した反省から、海岸線に沿って長大な石垣の要塞を築き士気旺盛であった。「モンゴル襲来」において、御家人たちは防戦一方だったとする印象が強いが、果敢な攻撃や夜討ちを仕掛けるなどして、元軍を苦しめた。

例えば、伊予国（愛媛県）の御家人・河野通有《こうのみちあり》は、傷を負いながらも、元船に斬り込みをかけ敵将を生け捕る戦果をあげている。日本軍の主力は、こうした精強さで知られるうえに、故郷の防衛に燃える九州の御家人たち※だったから、仮に神風が吹かなかったとしても、元軍は退却に追い込まれていた可能性が高い。

こうした研究成果を受けて、教科書の記述も変わった。

最新の教科書には「蒙古襲来が失敗に終わった理由として、**武士たちが勇敢に戦ったこと、暴風雨がたまたまおこったこと**のほかに、高麗・南宋の人びとが元の支配に抵抗していたことなどがあげられる」と記されている。

「文永の役」に関しては「元軍は風雨の被害をうけ、内紛もおこったため、しりぞいていった」と書かれ、風雨が撤退の決定的理由とはしていない。このように、日本がモンゴル軍を撃退できたのは暴雨風のおかげとはいえず、他にも様々な勝因があったのである。

※九州の御家人たち
他にも、200余騎を率いて敵陣に突入し数多くの敵を倒した菊池武房や、モンゴル軍の副将を狙撃する活躍を見せた総大将の少弐景資など、たくさんの武勇伝が残っている。

歴史新常識 其の12

【日中韓による責任の押し付け合い】

海賊 倭寇の正体はだれだ？

●日本人による海賊集団？

13～16世紀に東アジアの海を荒らし回った残忍な海賊集団・倭寇。

読者のなかには、**「日本人が海賊化して、朝鮮や中国を荒らし回った」**というイメージを持っている人も多いだろう。倭寇の「倭※」という字も、いかにも日本の海賊という印象を形作っている。

昭和の教科書でも倭寇に関して「九州や瀬戸内海沿岸の武士や漁民のなかには、集団をつくって朝鮮や中国にわたり、貿易を強要したり、海賊をはたらいたりする者が現れた。中国や朝鮮では、これを倭寇とよんでおそれた」、『書きこみ教科書詳説日本史』でも「**倭寇とよばれた日本人を中心とする海賊集団**が朝鮮半島や中国大陸の沿岸で猛威をふるっていた。その主要な根拠地は、壱岐・対馬・肥前松浦地方などにあり、2～3隻の貧弱な規

※倭
現在では中国・韓国人が日本人を侮蔑するときに「小さい奴ら」という意味を込めて使われている。

模のものから、数百隻におよぶ組織化されたものまであった。倭寇は、朝鮮半島沿岸の人々を捕虜にしたり、米や大豆などの食料をうばうなど略奪をほしいままにした」としている。

ところが近年、「倭寇は日本人ではなかった」もしくは「倭寇は日本人中心ではなかった」との説が登場している。最新の教科書には**「倭寇とよばれる海賊集団が、朝鮮半島から東シナ海にかけて猛威をふるった」**とのみ記され、倭寇の構成員については、ぼやかしている状態なのだ。

倭寇の風俗を描いた『倭寇図巻』に見ることができる倭寇の姿

●倭寇が巨大勢力になるまで

まずは海賊集団・倭寇の歴史から見ていこう。

倭寇は、モンゴル帝国による支配が終わろうとしていた1350年代に活発化し、中国沿岸部に出没。税や食料を輸送する海運船などを襲ったとみられる。

1368年に朱元璋※によって明国が誕生すると、新たな倭寇対策が登場する。朱元璋の政敵だった、方国珍※や張士誠※の残党が倭人と結び付くことを恐れて、沿海の海民に対し個人的に海に出ることを禁じたのだ。

いわゆる「海禁政策」である。

※朱元璋
（しゅげんしょう）

（1328～1398）

明朝初代の皇帝。貧農の家に生まれ諸国流浪後、紅巾軍の一兵卒から身を起こした。華中を支配し、元軍を討伐し天下を統一。明朝の礎を築いた。

※方国珍
（ほうこくちん）

（1319～1374）

浙江省海岸部の出身。元朝に叛旗を翻し、討伐軍を破る。朱元璋が勢力を伸ばすなか、抵抗を試みるも、降伏。天下を狙うことはせず、広西行省左丞相の地位に甘んじた。

※張士誠
（ちょうしせい）

（1321～1367）

江蘇省出身。塩の密売を生業としていたが、元朝に反乱。呉王と称した。朱元璋と抗争を繰り広げるも捕えられ自殺した。

明の軍船と交戦する倭寇。単なる海賊集団の域を超えていた

この明の対応からも明らかなように、当時の倭寇の中身は、ただの盗賊集団ではなく、反政府活動にも容易に繋がる可能性を持った集団であった。実際、残党勢力と倭寇は結託し、海賊行為を働いている。

倭寇の被害は、中国のみならず、朝鮮半島にも及んだ。韓国の歴史学者は、倭寇は「日本人の専門的武装集団」であると主張している。

南北朝時代の動乱期に、対馬守護や少弐氏や松浦党といった、かつて「モンゴル襲来」で活躍した勢力が、兵糧米の不足を補うために、高麗などを襲ったというのだ。

しかし日本の研究者では、倭寇の主体は、武士団の配下ではなく、対馬・壱岐・松浦※の海民や、四国や九州の海賊だと見なす人が多い。

もちろん、100艘～500艘の大船団を組み、高麗の正規軍と互角に戦える倭寇の戦闘能力から見て、彼らが日本の専門的武装集団か、その庇護下にある集団であるとする意見にも、一定の説得力はある。そして次のような見解もある。

李氏朝鮮時代の記録『朝鮮王朝実録』には、父母が朝鮮人であっても日本に住んだ場合

※対馬・壱岐・松浦　このあたりは、「モンゴル襲来」で元軍が残虐行為をした場所であり、中国・朝鮮半島に強い恨みを持っていたとされる。

は「倭人」と記されている例があり、また、倭人と済州島の海民は生活習慣が似ていたことから、朝鮮の官吏も「彼らが倭人なのか済州人なのか」見分けることができなかったという。

このことから、倭寇は舟をもって家となす、日本・朝鮮・中国の境界に生きる〝マージナル・マン（境界人）〟だというのだ。彼らは、現在の民族・国家といった概念にとらわれない、出自と国籍や言語が一致しない人々だというわけである。

●判然としない倭寇の実態

特殊な例では、朝鮮に帰化した倭人が、高麗政府に叛旗を翻し、寧州・温水などを襲撃したこともあった。

さらに倭寇は、高麗国王・忠定王※の曽祖父・忠宣王らの肖像画を盗み出したり、京城の乗っ取りを計画するなどしているので、倭人のみが主体となって構成されていたとは考えにくいとの意見もある。『明史（日本伝）』には、倭寇の構成員は「大てい、真倭は十の三、倭にしたがうものは十の七、戦うにはそこで掠めた人を軍の先鋒にする」と記載されている。真倭というのは、「本当の日本人」という意味だ。

つまり倭寇の構成員は、日本人は全体の3割、他の7割は日本人に従う中国人だったというわけだ。同書には中国人が「一～二の真倭を捕らえて酋長とし、自ら髪を剃って、こ

※忠定王（1338～1351）
高麗の国王。幼くして王位に就くが、幼君が続く高麗の状況に不満を抱く勢力によって、江華島に移され、のちにわずか14歳で毒殺される。

れにしたがう」とある。「賊が二千人の輩を集め、そのうち二百人が髪を剃って、いつわって倭人をよそおっている」（『潮中雑記』）との記録も存在する。

日本史学者の故・田中健夫[※]は「中国の官憲が自分の功績を大きくみせるために倭寇の残忍性やら侵略のすさまじさを誇大に捏造した報告書が、そのまま文献に書きとめられてしまった例が少なくない。日本人はもとより、中国人の盗賊もポルトガル人の密貿易者も、すべて倭寇として処理してしまったのである」と述べている。

味噌も糞も一緒くたにしてしまった結果、正体が判然としない巨大海賊集団が作り上げられてしまったというわけだ。

筆者としては、日本人の倭寇がいなかったとは思わない。

海民ばかりでなく、食い詰めた武士も倭寇となって、交易や略奪をしたことだろう。

しかしその一方で、中国人の倭寇や、偽装した倭寇も相当数いたと考える。倭寇の軍は「全軍たちまち影もなく、また忽然と現れて、あたり一面の刀の花」と詩に歌われたように、神出鬼没の集団であった。

「倭寇のなんと狂暴でそれにひきかえ官軍の頼りにならぬくやしさよ」との詩も残されているように、倭寇に目を付けられた庶民は「手足まといの年寄りや女房子供をふりすてて、何よりわが身が大切と命からがら逃げて」行くしかなかったという。

確かなのは、倭寇襲来が、庶民に大きな悲しみを与えたことだけである。

※田中健夫
（1923〜2009）
日本史学者。東京帝国大学卒。東京大学史料編纂所、助手、助教授を経て、1971年に教授となる。中世の東アジアの国際関係史を専門としていた。

【鉄砲の三段撃ちはあったのか？】

「長篠の戦い」で何が起きたのか

歴史新常識 其の13

●騎馬武者対鉄砲隊の一大決戦？

舞台は三河国（現在の愛知県）、設楽ヶ原。

甲冑に身を固めた武田軍の騎馬武者が居並び、真正面に突撃していく。迎え撃つは、馬防柵を立て、火縄銃を構える織田・徳川連合軍だ。騎馬武者が近付いたその時、「放て！」の号令のもと、火縄銃が火を噴く。銃兵は射撃が終わると後ろに退き、その間に次の者が交代して鉄砲を放つ。退いた銃兵は、すぐさま次の射撃に備え弾込めを行う。連合軍の絶え間ない銃撃に、バタバタと倒れていく騎馬武者たち……。

黒澤明※監督の映画『影武者』や、大河ドラマの合戦シーンでお馴染みの映像だ。

教科書にも登場する「長篠の戦い」に対して、このようなイメージを持つ読者も多いだろう。昭和の『書きこみ教科書詳説日本史』には、織田信長は**「三河の長篠合戦では鉄砲**

※黒澤明（1910〜1998）日本の映画監督。『七人の侍』、『影武者』、『乱』などの作品で知られる。ダイナミックな映像表現や作風は、北野武、ジョージ・ルーカスなど国内外の映画人に影響を与え「世界のクロサワ」と称えられた。

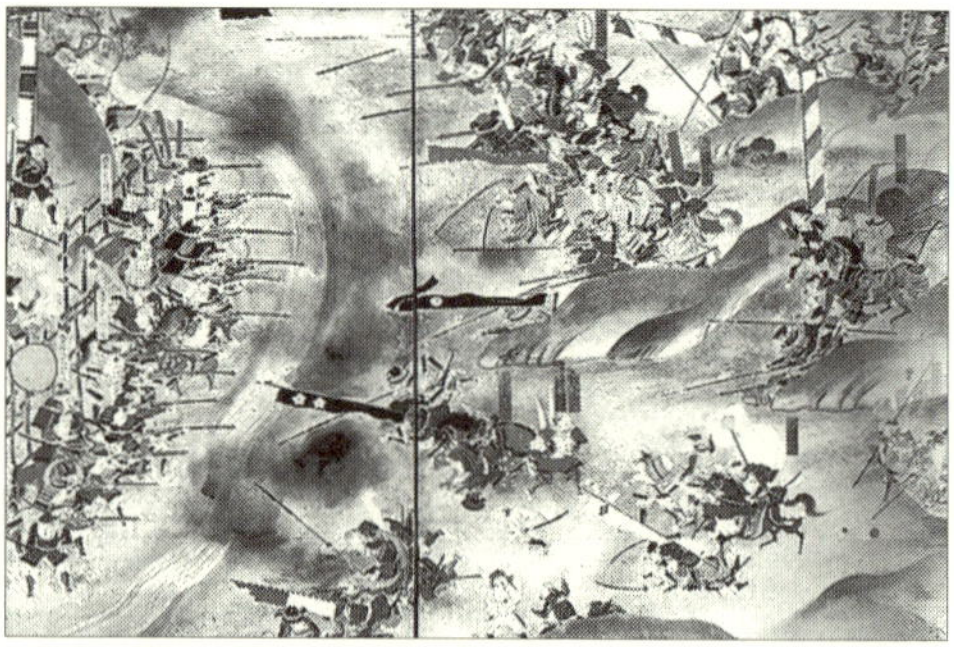

『長篠合戦図屏風』には無謀な突撃で玉砕する騎馬隊が描かれる

隊をたくみに利用した新戦術で武田勝頼※の軍に大勝した」と書かれている。

歴史学者で、戦国時代に関する著作も多い桑田忠親※は長篠合戦を評して「織田信長が鉄砲の集団戦術を編み出した。約3000挺の鉄砲を三段に構えさせ、1000発ずつが斉射して、射撃間隔の隙間をなくした。旧い長槍騎馬の軍隊と新兵器を活用した軍隊の激突だった」とまで述べている。

つまり、〝革命児〟信長が、最新兵器・鉄砲を使った画期的な戦術で、騎馬突撃に固執する武田軍を破ったと言いたいのだ。

しかし、最新の教科書では「三河の長篠合戦で多くの鉄砲を使って武田氏の騎馬軍団を破り」と記述するなど「新戦術」などの表現は抑えられている。また、教科書によっては**「甲斐の大名武田勝頼を長篠の戦いで破り」**と、「騎馬軍団」の記述すら消えているものもある。

こうした描写の変遷はどこからきたのだろう？

※武田勝頼
（1546〜1582）
武田信玄の庶子として生を受ける。母は諏訪頼重の娘。信玄没後、家督を継ぐも、「長篠の戦い」などで敗退。織田信長の甲州征伐により追い詰められ、自害して果てた。

※桑田忠親
（1902〜1987）
日本の歴史学者。國學院大學名誉教授。『信長の手紙』、『斎藤道三』、『徳川家康』など戦国武将を素材にした著作が多い。

●直属の鉄砲隊はいなかった

映画やドラマの影響から、「信長は直属の鉄砲部隊を持っており、それを長篠で初めて投入して勝利した」と思い込んでいる人も多いだろうが、これは事実ではない。

信長は、家臣の細川藤孝に「鉄砲放（銃兵）と玉薬を準備するよう命じてくれたことをうれしく思う。なおいっそう家中を精査してくれるのが望ましい」と書状を送っているように、家臣団に銃兵集めを依頼しているのである。

連合軍は安全な馬防柵から反撃した？（『長篠合戦図屛風』）

藤孝は信長の依頼で、鉄砲足軽100人を長篠に遣わしたという。奈良の筒井順慶も鉄砲衆50人を送っている。

織田家はすでに尾張・美濃・越前・大和・摂津※など、中部・北陸・近畿地方に広大な領土を持っていた。命令を下せば、多くの鉄砲が集まったはずだ。

織田家と連合を組んだ徳川家も、各部隊より鉄砲を引き抜き、300挺の鉄砲衆を配備している。

もちろん、信長も自身の鉄砲衆※（旗本鉄砲衆）を持ってはいたが、その編制は、あくまで臨時であったことが分かっている。

また、信長が鉄砲の大量運用や交代射撃を行ったのは

※尾張・美濃・越前・大和・摂津
それぞれ、現在の愛知県・岐阜県・福井県・奈良県・大阪府。

※鉄砲衆
『信長公記』によるとその数は500挺。

※信長が鉄砲を駆使して陥落させた村木砦城址（愛知県）

「長篠の戦い」が初めてではない。

まだ尾張の統一も終えていなかった1554年の「村木砦の戦い」で、信長は敵の城の狭間に鉄砲射撃を繰り返し、その際、交代射撃を行わせている。

さらに言えば、火縄銃の弾込め作業のタイムロスをカバーする交代戦術は戦場にいれば誰でも思いつくものであり、当時の砲術の常識でもあった。

鉄砲を戦場に大量投入するやり方も、「長篠の戦い」以前に、仏教勢力・石山本願寺との死闘で使用済み。この戦いでは、織田家だけではなく、石山本願寺側※も大量の鉄砲隊を揃えていた。

つまり、鉄砲の交代射撃や大量投入は、「長篠の戦い」でお目見えしたのではなく、信長のオリジナルですらなかった。日本中が戦場となっていた戦国時代においては、財力さえあれば新兵器の鉄砲を大量に揃え、有効活用することはどの大名でも考えていたことだったのだ。

●武田家＝時代遅れ？

※石山本願寺側
石山本願寺には、戦国一の鉄砲傭兵集団といわれた鈴木家率いる「雑賀衆」が味方していた。

一方の武田家は、騎馬武者に頼って鉄砲を軽視したために、長篠で大敗したといわれているが、実態はどうだったのか。

武田氏が鉄砲の存在を知ったのは、勝頼の祖父・信虎の時代であった。信虎に奉公した四国の牢人が鉄砲を持っていたのだ。勝頼の父・信玄※の代には、鉄砲に精通した者を招いて家臣たちに射撃の鍛錬をさせたという。

そうした経緯があったから、武田家にも当然、鉄砲衆が創設された。

1555年の「川中島の戦い（第二次）」において、信玄は味方を救援するため、鉄砲300挺と弓800張を持つ兵を派遣している。吊り下げた針にも弾丸を命中させられる程の、弓・鉄砲の名手を揃えていたという。鉄砲伝来の地から遠く離れた東国の大名が、すでにこの頃、鉄砲を三百挺も入手していたことは興味深い。

暗君と捉えられがちな武田家当主・勝頼

1562年頃になると、武田家は家臣たちに対して、鉄砲の装備を指示するようになる。そして、武田氏の鉄砲衆も、旗本鉄砲衆と、臨時にかき集められた鉄砲衆とに分化していく。

織田・徳川連合軍が「長篠の戦い」に備えて行ったことと、同じことをしているのである。

※武田信玄（1521〜1573）
〝甲斐の虎〟と呼ばれた戦国大名。信虎の長男。父を追放して甲斐国を手に入れ、各方面に領国を拡大。刺激された上杉謙信と数度にわたって激戦を繰り広げた。

しかし、武田家には問題点があった。

織田家は、領土の拡張により畿内近国※を支配下におき、南蛮貿易や瀬戸内交易に従事していた商人と結びつきを強め、そこから鉄砲や玉薬・弾丸を入手していた。

武田家には、そのような幅広い入手ルートはなく、鉛の確保が消費に追いつかず苦心していた。武田信玄・勝頼父子はともに鉄砲や玉薬の入手に奔走はしたが、ついに充分な火力を揃えることができず、そこが両軍の明暗を分けたのである。

決して鉄砲に無関心だったわけではないから、『長篠合戦図屏風』にも、鉄砲を持った武田家の足軽がちゃんと確認できる。

合戦後、改めて鉄砲の重要性を痛感した武田勝頼は、「命中率を上げ、訓練不足を乗り越え、一挺につき３００発の弾丸を準備せよ」と命じている。きちんと敗因を認識していたのだ。

武田家といえば騎馬隊のイメージが強いが、１５７２年の軍役をみると、戦闘員に占める騎馬の割合は28人中、３騎程度に過ぎない。というのも、馬に乗る特権を与えられていたのは、幹部クラスだけ。

こうした研究結果が反映されるにつれ、「武田＝時代遅れの騎馬武者」という記述が、徐々に教科書から消えていったのだ。「長篠の戦い」の真実――それは、信長の天才性を示すものではなく、圧倒的な物量を持った者が勝利するという戦の姿を映しだしたものであった。

※畿内近国
また、鉄砲の一大産地だった和泉国（現在の大阪府）の堺・近江国（現在の滋賀県）の国友及び日野などを押さえていたことも大きい。

歴史新常識 其の14

【武器のすべてを没収された?】

刀狩で農民は丸腰になったのか

●豊臣秀吉による〝武装解除〟

「本能寺の変」で横死した信長の跡を継ぎ、天下統一を成し遂げたのが豊臣秀吉※である。彼の統一事業と並行して進められた「刀狩」は、最新の日本史教科書には、次のように記載されている。

「豊臣秀吉の新しい政策は、検地と刀狩である。秀吉はまた、武器をもつ百姓が抵抗することを警戒し、1588（天正16年）、**刀狩令を出して百姓から武器をとりあげて耕作に専念させ、百姓の身分とは何かをはっきりさせた**」。

一方、昭和の『書きこみ教科書詳説日本史』にも「**刀狩とは農民から武器を没収することである。**検地による従来の権益を失う有力農民のなかには、多くの下人をかかえた地侍などのように侍身分のものもいた。秀吉は一揆を防止し、農民を耕作に専念させるため、

※豊臣秀吉（1536〜1598）尾張国愛知郡中村郷の下層民の家に生まれたとされる。織田信長に仕え、頭角を現す。信長が本能寺の変で明智光秀に討たれると「山崎の戦い」で光秀を破った。織田家内部の勢力争いにも勝ち、信長の後継者の地位を得た。

織田信長の後継者として天下統一事業を成し遂げた豊臣秀吉

1588（天正16）年刀狩令をだし、彼らの所有する武器を没収した。これにより兵農分離が進んだ」と記載されている。

新旧の教科書ともに、刀狩に関していえば、記述内容は同じだ。そして、2つの記述は、秀吉の刀狩によって日本の民衆が武装解除され、全くの丸腰になってしまったかのような印象を我々に与える。

作家・堀田善衛※の、キリシタン一揆「島原の乱」を題材にした小説『海鳴りの底から』でも、一揆の男たちに「むかしむかしは、百姓も刀や槍くらいはもっておった」「それはそうじゃ」「それが、太閤さまの刀狩で、もたなくなってしもうた。召し上げられてしもうた」と語らせている。本当に刀狩によって、日本はこの百姓たちが語るような国になったのだろうか？

●刀狩令の意外な中身

まず、大名や領主たちに広く公布された、刀狩令の詳しい中身について触れておかねばならない。

※堀田善衛（よしえ）（1918〜1998）日本の作家・評論家。富山県出身。慶応義塾大学仏文科卒。『広場の孤独』で芥川龍之介賞を受賞。『乱世の文学者』、『歴史と運命』などの作品がある。

その第1条には次のように書かれていた。「諸国の百姓らは、刀・脇指・弓・鑓・鉄砲、そのほか武具の類を持っているので、その所持を固く停止する」。これぞ、「ザ・刀狩」とでも言うべき条文である。

本来ならば、この条文のみで終わっても良いのだが、第1条の後半や第2・3条では「なぜ百姓の武装を禁止するのか」について懇切丁寧に説明している。

秀吉が建てた大仏殿はすでにないが、重要文化財の鐘が健在だ

第1条の後半には「諸国の百姓たちが余計な武具を蓄えて、年貢を納めるのを渋ったり、一揆を企てたり、領主たちに楯ついている。そんな百姓は秀吉が成敗するが、百姓が武器を持てば、つい田畠を作るのを怠け、それだけ領主の取り分が減る。そうならないよう、領主は百姓から武器を没収せよ」、第2条では「取り上げた刀・脇指は、京都は東山に建てている大仏殿※の釘に使うのだ。そうすれば、この世だけでなく、あの世までも百姓は救われることになる」と説明している。

第3条では「百姓は農具だけ持って、耕作に専念すれば、子々孫々までも幸せに暮らせる。秀吉が百姓の暮らしを憐み思いやってのことである」と最後のダメ押し。

※大仏殿
京都市東山区の天台宗の寺・方広寺の大仏殿のこと。完成した大仏は東大寺のそれをしのぐ大きさだったというが、焼失してしまった。

第1条の後半では、「刀狩をすれば支配が楽になるぞ」と、領主たちを扇動し、第2条は、御仏の加護まで持ち出して、まるで宗教の教祖のように、刀狩の意義を百姓向けに説いている。

絶対的な権力を持つ秀吉が、なぜこれほど懇切丁寧に、刀狩の意義について説明する必要があったのか。

織田信長や秀吉らとたびたび会見しているポルトガル出身の宣教師ルイス・フロイス※は『日本史』のなかで「日本では、今日までの習慣として、農民を始めとしてすべての者が、ある年齢に達すると、大刀と小刀を帯びることになっており、彼らはこれを刀と脇指と呼んでいる。彼らは不断の果てしない戦争と反乱の中に生きる者のように、種々の武器を所有することを、すこぶる重んじている」と記している。

来日した他の宣教師たちも、「彼らは戦を好み、10歳の時から剣を携えて育ち、剣を抱いて眠る」、「日本人は私が見たどの国民より武器を大切にしています」と語っている。「刀は武士の魂」とよく言われるが、武士のみならず、農民までもが刀を非常に大事にしている様が分かる。敵と戦い、身を守る武器としてだけでなく、魂の奥深くで、日本人と刀が繋がっていることを感じさせる。

秀吉が言葉の限りを尽くして、刀狩の趣旨を説明した理由がお分かり頂けただろう。

※ルイス・フロイス（1532〜1597）ポルトガルのカトリック司祭、宣教師。イエズス会士として戦国時代の日本で教えを広めようとする。織田信長や豊臣秀吉らと会見。戦国時代の貴重な記録『日本史』を記した。

●平和のための刀狩

それでは、本題の「秀吉の刀狩で日本の農民は丸腰になったのか」について考えよう。日本一の実力者からの勧告ということで、諸国の大名・領主たちは、素早く対応した。例えば、加賀国（現在の石川県）の大聖寺領内の城主・溝口秀勝《みぞぐちひでかつ》は、百姓の刀・脇指、その他の武具をことごとく集めて、秀吉の奉行人のもとに送り届けている。刀1073腰、脇指1540腰、笄《こうがい》（刀の付属品）500本、小刀700本を、刀狩令が発令された翌月上旬には集め終えていたというから、なかなかの早業だ。しかし、それでも、刀狩の奉行は「刀・脇指の数が少ない」と文句をつけている。

秀吉の盟友・前田利家※の領内でも刀狩が行われ、ここでは「各地の村ごとに、家の刀・脇指・槍・鉄砲を差し出せ」と命じられている。村々の百姓の頭が責任を持って、武器狩りをする態勢がとられた。

意外だが、官吏が村に踏み込んでいって武器を持ち去ったわけではないのだ。そればかりか「以前、刀・諸道具狩りをしたが、この村は山沿いでシシが多いので、槍10本を許してやった」という若狭国（現在の福井県）の戸田勝直《とだかつなお》のような大名もいた。

山間部の村では、農作物を獣から守るため、槍は必需品だったのだ。

同じく山が多い甲斐国（現在の山梨県）の浅野長継《あさのながつぐ》も、「耕作のために、鹿・猿打ちを免許する」と鉄砲の所持を認めている。また正直に武器を差し出す村ばかりでなく、隠し

※前田利家（1538～1599）
尾張国出身で、織田信長の家臣。柴田勝家の与力として活躍したのち、親友・秀吉に帰順して豊臣政権の重鎮となった。秀吉没後は「五大老」のひとりとして秀頼を支えた。

持つところもあった。

結局、武器狩りで集められた物のほとんどは刀・脇指であり「そのほか武具の類」は、残されていた。東国だけではなく、西国でも同じように武器は残っていた。その証拠に、刀狩後の京都の村に狼藉者が押し寄せた際、村人は武具を使ってこれを防いだ。

黒澤明監督の名作映画『七人の侍』を思い起こさせるような話である。

以上、見てきたように、秀吉の刀狩は、**徹底されたものではなかった。**

農民の武器を根こそぎ没収し、自分に逆らわないように武装解除するというよりは、村から武器を少しでもなくし、平和な世に近付けたいという思いが見える。秀吉が出した「喧嘩停止令※」も、農民の武力行使を抑制するために出されたものであり、刀狩令とセットにして考えるべき法令であろう。

国民ひとりひとりが武器で身を守るというと、後進国のようなイメージがあるが、超大国のアメリカは開拓時代の名残りで、未だに「自分の身は自分で守る」という人が多い。アメリカから銃を根絶することが至難の業であるように、戦国時代の日本も権力者が「武器を出せ」と号令したからといって従うほど、単純な構図ではなかったのである。

※喧嘩停止令
豊臣秀吉が農民の武力行使を制御することを目的として定めた法令。発令時期は不明である。

歴史新常識 其の15

【2度の戦役は侵略か出兵か】

朝鮮出兵は秀吉の愚行だった？

●朝鮮出兵の捉えられ方

豊臣秀吉による2度の朝鮮出兵は、教科書の記述を紐解くまでもなく彼の生涯最大の愚行として悪名高い。しかし遠く江戸時代からの議論を振り返ってみると、決して〝愚行〟一辺倒の評価が支配していたわけではなく、**時代それぞれの事情に応じた評価がなされており、その変遷は興味深い。**

織田信長の一代記である『信長公記』の著者として有名な太田牛一という武将は、秀吉について**「度重なる戦争に日本は一度も負けなかった」**として、その戦績を賞賛している。『忠臣蔵』の主人公・大石内蔵助も門弟だった、軍学者の山鹿素行※は、秀吉の朝鮮出兵について、「秀吉は晩年になって朝鮮を征伐する。その度胸は古今の人物と比較して、抜きんでている。朝鮮は日本の属国であることは、昔々の神功皇后による三韓征伐よりこのか

※山鹿素行（やまが　そこう）（1622～1685）儒学者・兵学者。会津の人。朱子学を斥け、古代の道への復帰を説いた「聖教要録」を著す。だが書物の内容が幕府の怒りに触れ、赤穂に配流。のちに許されて江戸に帰る。

朝鮮出兵を絶賛した軍学者・山鹿素行

た、古記録によっても代々明白である。秀吉が亡くなったことによって、征伐は不完全となったが、我が国の武威を異国に輝かしたことは神功皇后以来である」と述べている。

素行は「日本中朝主義」を唱えたことで知られる。「日本は、古来より、外国に支配されたことがない。しかも天皇が支配して『君臣の義』が守られている。一方、中国は何度も王朝が変転している。中国ではなく、日本こそが中朝（中華）である」というのが、この思想である。秀吉の朝鮮出兵を手放しで褒めるのも、彼の考えからすれば当然といえよう。

江戸時代は豊臣家を滅ぼした、徳川家が支配する時代である。秀吉を褒めるのには、勇気が必要だった。秀吉の伝記『太閤記』は、幕府によって発禁にされている。

●江戸時代における秀吉批判

もちろん、**秀吉の朝鮮出兵を褒める者ばかりではなかった。**『養生訓』の著者で儒学者の貝原益軒※は、他人の書物に寄せた序文のなかで、秀吉の朝鮮攻めのことを「義兵」ではなく「貪兵」「驕兵」「恣兵」だとして、厳しく糾弾している。

※貝原益軒
（1630～1714）
江戸時代中期の儒学者。福岡藩の右筆の子として生まれ、黒田家に仕える。彼の著作で医書の『養生訓』は有名。

『古事記』註釈の集大成である『古事記伝』を著した国学者・本居宣長※も「中国・朝鮮を西方の野蛮人と見なす」との考えを持ってはいたが、秀吉の朝鮮出兵には「戦が見るべき成果もなく終わったのは、秀吉が自らの威勢に頼って戦をはじめ、神功皇后の神助を得ようとしなかったことに原因があり、罪なき朝鮮の民を殺害したことも神功皇后の神意に背く」との見解を持っていた。

宣長は「中国や朝鮮（戎）を日本が統御（馭）するべきだ」という意味のタイトルがついた『馭戎概言《ぎょじゅうがいげん》』を書いており、意外な意見ではある。戦争そのものより、秀吉の振る舞いが気に食わないと言った様子だ。

秀吉に批判を加えた国学者・本居宣長

欧米列強がアジアに進出してきた幕末期になると、対外的な危機意識が日本人に芽生え始める。危機の時代につきものなのが、ナショナリズムである。

尊皇攘夷思想の総本山である水戸藩の史局・彰考館の編修総裁・川口長孺《かわぐちちょうじゅ》が書いた『征韓偉略』の広告文には「豊臣秀吉の朝鮮征伐は我が日本の武威を外国に輝かした盛挙であり、日本史を学ぶ者は考究するべきである」と記された。

同じ水戸藩の青山延光《あおやまのぶみつ》や会沢正志斎《あいざわせいしさい》、藤田東湖《ふじたとうこ》

※本居宣長
（1730〜1801）
江戸後期の国学者。伊勢松坂の人。古事記・源氏物語など古典文学の注釈ですぐれた業績を残した。『古事記伝』『玉勝間』が有名。

らも、それぞれ同じような意見を書いている。

明治時代に入ってからも、朝鮮出兵への関心は高かった。「日清戦争」などの対外戦争が起こったからだ。朝鮮半島・中国大陸を主戦場とした日本にとって、秀吉による出兵は「偉大なる事業」とされ、「志気養成の一助」のために研究が行われたこともあった。

礼賛の風潮が一気に逆転するのは、やはり「太平洋戦争」の敗戦を迎えてからだ。

1954年に書かれた歴史学者・鈴木良一※の著書『豊臣秀吉』には敗戦後の日本の空気を象徴する一文がある。「侵略者の子孫であり、侵略者自身であった私たちに、朝鮮民族の苦しみがわかるものではない」と。

戦後しばらくの間は、教科書において「朝鮮出兵」の語句が使われていたが、60年代に入ると「朝鮮侵略」の用語が多く使われるようになる。朝鮮出兵が「海外侵略」であったという認識が強まったのだ。昭和の『書きこみ　教科書詳説日本史』のように「侵略」、「出兵」だけではなく、「文禄の役」「慶長の役」と記載される場合もあった。

●何のために朝鮮出兵をしたのか？

では、最新の教科書にはどのように書かれているのか。

「16世紀後半に明がおとろえると、秀吉は東アジアに日本を中心とする新しい国際秩序をつくることをめざした。そこで明を征服するために、その先導役を朝鮮国王に期待した。

※鈴木良一
（1909～2001）
日本の歴史学者・高校教諭。専門は中世史。土一揆・国一揆の研究で先駆的業績をあげた。著書に『豊臣秀吉』、『織田信長』、『応仁の乱』など。

朝鮮がこれをこばんだことから、秀吉は2度にわたって朝鮮へ出兵した（文禄・慶長の役）。これに対し朝鮮の人びとは激しく抵抗し、秀吉は事態を収拾できないうちに病死した。前後7年にわたる朝鮮侵略は、朝鮮の人びとを戦火にまきこみ、多くの被害をあたえる結果となった」とある。朝鮮出兵は侵略だったと明確に書かれている。

一方で、保守系の日本史教科書では、「侵略」という言葉は使われていない。

例えば『日本人の歴史教科書』（自由社）には「朝鮮への出兵」との項目が立てられている。もっとも「2度にわたって行われた出兵により、朝鮮の国土や人々の生活は著しく荒廃した。この出兵に、莫大な費用と兵力をついやした豊臣家の支配はゆらいだ」とも記されており、もろ手を挙げて称賛している訳でもない。

「出兵」という語句には、「朝鮮出兵は侵略ではなかった」との想いが込められていると思われる。事実、そうした見解も近年提出されている。

当時の世界を見渡すと「大航海時代※」といえば聞こえは良いが、スペイン・ポルトガルという強国による侵略の時代であり、アジアもその例外ではなかった。

秀吉はスペインの動向を察知していたので、先手を打って明を支配しようとしたというのだ。壮大なる〝自衛戦争〟もしくは〝予防的先制攻撃〟だったというわけだ。もっとも、中国・韓国にしてみればありがた迷惑な話であり、「近代日本の戦争は自衛か、侵略か」という議論と同じく、今後も時代状況を反映しながら、論争は続いていくのだろう。

※大航海時代
15世紀から17世紀前半にかけて、ヨーロッパ人が新しい航路・新しい大陸を発見し、ヨーロッパの政治・経済に重大な影響を及ぼした時代。各国へのキリスト教布教とセットだったが、これも宗教侵略といえなくもない。

第三章◉太平の世を謳歌した　近世篇

歴史新常識 其の16

【あの2文字が教科書から消えた！】

日本は鎖国していなかった

●造語「鎖国」の誕生

「鎖国」――大抵の人は、キャッチーなこの用語を、歴史教科書で目にした覚えがあるだろう。「江戸時代に幕府が交易の相手をオランダと中国に限定し、日本人の海外渡航を禁じた政策」だと、先生から習った昭和生まれの人も多いはずだ。

ところが**「江戸時代は鎖国の時代ではなかった」**という見解が、現在では主流となっている。なんと**「鎖国」という用語を使わない教科書まで登場している**のだ。

大転換の背景には一体何があったのか、真相を見ていこう。

まず、鎖国という言葉であるが、これは江戸時代の初めから存在したものではない。オランダ商館のドイツ人医師エンゲルベルト・ケンペル※の著書『日本誌』の一部を、通訳で蘭学者の志筑忠雄※が、1801年に『鎖国論』と名付けて翻訳したのである。

※エンゲルベルト・ケンペル
（1651〜1716）
ドイツ出身の医師。西洋において、日本を初めて体系的に紹介した『日本誌』の著者。元禄時代の日本に2年間滞在した。

※志筑忠雄
（しづき　ただお）
（1760〜1806）
長崎の蘭学者。生涯にわたって蘭書翻訳に熱中した。翻訳書に『鎖国論』『暦象新書』などがある。

ここに「鎖国」という新造語が誕生した。

しかし、現代の流行語大賞と違って、新語「鎖国」は広まることはなかった。『鎖国論』は本として出版されず、写本として極少数に伝わっただけだったのだ。一般に普及するのは、明治時代を待たなければならなかった。

幕府がキリスト教を警戒するきっかけとなった「島原の乱」

●外国から完全封鎖？

実態として、日本は国を鎖《とざ》していたわけではない。

確かに、17世紀前半、幕府は、キリスト教の布教に熱心なスペインやポルトガル船の来航や、日本人の海外渡航などを禁じた。

なぜかといえば、欧州の大国による植民地化を警戒したからだ。事実、ヨーロッパによるインドやアジア大陸、アメリカ大陸などへの植民地主義的な海外進出が15世紀から続いていた。

また、１６３７年に勃発した、大規模なキリスト教徒の一揆「島原の乱※」の影響も大きい。鎮圧に８０００人以上ともいわれる損害を出したこの乱によって、幕府は

※島原の乱
１６３７年12月、農民やキリシタンなどで構成された一揆軍約３万７０００人が原城に籠城し、幕府軍と戦った。日本史史上最大の農民一揆と呼ばれている。

鎖国政策の一環で長崎に造られた人工島・出島

キリスト教をそれまで以上に危険視することになった。

欧州との関係は制限したが、ご存知のように、東アジアとの交流は続行された。幕府は、オランダ・中国と、長崎で交易する体制を作り上げる。

長崎の人工島・出島が「海外に開かれた唯一の窓」と習った人もいよう。だが、真相は違う。

江戸時代の日本は、長崎の他にも海外への窓を持っていたのである。対馬・薩摩・松前の各藩だ。

●何のための「鎖国」か？

対馬藩は朝鮮と、薩摩藩は琉球と、松前藩はアイヌ※民族と外交や交易を行っていた。幕府は、海外へ向けた、これら4カ所の窓口（いわゆる「四つの口」）を開き、大名を通した交易でちゃっかり利益を上げていたのだ。朝鮮・琉球とは国交を結んで使節※を迎えている。

鎖国政策に対しては、「消極的な外交政策であった」という批判もある。なるほど、その見解にも一理あるだろう。しかし、異国（異民族）との接触を制限することで、幕府の統治、ひいては太平の世の脅威を取り除こうとしたのだとすれば、極めて現実的で賢明な

※アイヌ民族
北海道・樺太・千島列島などに居住した民族。アイヌとはアイヌ語で人間を意味する。

※使節
朝鮮からの通信使、琉球からの慶賀使・謝恩使など。

選択肢だったと言えるのではないか。

「鎖国」という仕組みがなかったならば、日本は欧州諸国との戦争に巻き込まれたり、植民地の争奪戦になったりして、天下泰平の世は長く続かなかった可能性が高い。

有名な哲学者・和辻哲郎※は、著書『鎖国』の副題に「日本の悲劇」と付けた。

そして「太平洋戦争の敗北によって日本民族は実に情けない姿をさらけ出した。（註・日本人の）欠点は一口にいえば科学的精神の欠如であろう。推理力によって確実に認識せられ得ることに対してさえも、やってみなくてはわからないと感ずるのがこの民族の癖である。この欠点は一朝一夕にして成り立ったものではない。近世の初めに（註・西欧では）新しい科学が発展し始めて以来、欧米人は三百年の歳月を費やしてこの科学の精神を生活のすみずみにまで浸透させていった。しかるに日本民族はこの発展が始まった途端に国を閉じ、その後二百五十年の間、国家の権力をもってこの（註・西欧）近世の精神の影響を遮断した」と論じている。

鎖国によって、日本人の偏狭さが増したというのだ。こうしたマイナス面もあったにせよ、この政策が天下泰平の礎となったのは確かだ。

幕末に「鎖国」が破られた時、日本は一気に動乱の時代を迎える。「戊辰戦争」を経た日本は、富国強兵・殖産興業を推し進め、ついには「日清・日露戦争」で、清国やロシアと戦うことになる。まさに鎖から解き放たれたように、競争に巻き込まれていったのだ。

※和辻哲郎
（1889〜1960）

兵庫県姫路市出身の哲学者。東京帝国大学卒業。『古寺巡礼』、『日本精神史研究』、『風土』は名著として名高い。

歴史新常識 其の17

【厳然たる身分制度はあったのか】

士農工商は越えられない壁？

江戸時代の身分制度と言えば、「士農工商」だ。

戦後の学校教育を受けた者なら、必ず耳にする用語であろう。ところが、この言葉が今や絶滅危惧種になろうとしている。昭和の教科書には「江戸時代においては、武士を支配者としての、**士農工商の秩序がたてられた**が、それにもまた身分格式の細かい差別がつけられた」とある。

『書きこみ教科書詳説日本史』にも「幕府や藩は、支配を維持し強固にするために、社会秩序を固定しておく必要があった。そのために**士農工商という身分の別をたてた制度を定め**、さらにこれら四民の下にえた・ひにん※などとよばれる賤民身分をおいた」と記されていた。

記述を深読みすれば、徳川幕府の治めた江戸時代の社会には、士農工商という身分制度

※えた・ひにん
昭和のメディアでは「士農工商えたひにん」を、自らの扱いが低いことを自嘲的に表現するときなどに使用していたが、差別を助長するとして、やがて根絶された。

があり、人々に序列をつけ、下位の身分の者に対して優越感を持たせることで、政権の安定を保ったとの内容である。

しかし「江戸時代には士農工商という身分制度がありました」という記述は、最新の教科書になると**「このような社会の秩序を士農工商とよぶこともある」**と、どこか及び腰。教科書のなかに記述はあるのに、索引には載っていないこともある。さらに、中学校の教科書からは言葉自体が消えた例もある。

なぜこのような事態となったのか？

江戸時代末期に撮影された田植えをする農民の写真

●何が由来の言葉なのか？

経緯を見る前に、士農工商という用語について解説しよう。士農工商というのは、元々、中国の古典に由来する。

中国後漢の章帝のときに編纂された『漢書』※にある「士農工商、四民に業あり」つまり「民の職業は官吏・農民・職人・商人に大別される」という記述が元ネタだ。

この概念は、早くも奈良時代には日本に受容され、いつの間にか「士」は武士（侍）を意味するようになった。

しかし、「士農工商が身分の序列を表している」といっ

※漢書（かんじょ）
中国後漢の章帝の時に班固らによって編纂された、前漢についての歴史書。編纂が終わる前に班固が死去したため、妹の班昭も執筆陣に加わった。

た見方は、江戸時代末期ですら定着しておらず、近代以降に明治政府によって喧伝されたとの説がある。

洋の東西を問わず権力機構とはそういうものだが、統治を始めると、自己の権力の正当性を主張するために前政権の非難を始めるのだ。この場合は「江戸時代は明治時代と違って身分制度があり、不公平な社会だった」とマインドコントロールをしたかったのだろう。

敗戦後も、その価値観は受け継がれた。

戦後の士農工商は「江戸幕府への非難」ではなく「階級闘争史観※」のために利用されていく。階級闘争史観とは、詳しくは後述するが、「歴史上、権力者は常に人民を抑圧・搾取する存在であり、それをはねのけようとする人民との間で抗争を繰り広げてきて、今がある」とする歴史観のことである。

これと士農工商の概念は、非常に相性が良い。士農工商が日本を支配していた制度だとすれば、権力者が人民を圧迫していた象徴と解釈することも、可能だからである。

しかし身分制度の研究が進展するにつれ、士農工商が〝虚構〟であることが除々に明らかとなる。まず、武士といえば威張りくさって、庶民はその威を恐れて平伏しているというのが、時代劇のイメージである。

だが、必ずしもそんなことはなく、武士が道を通っても、農民は構わず耕作を続けていたし、当時描かれた絵巻物、例えば『秋田風俗絵巻』には、寝そべり煙草をふかしながら

※階級闘争史観
白土三平作の漫画『カムイ伝』を思い浮かべると分かり易い。同作は極悪非道の権力者を相手取って、被差別者たちが団結し、権利を勝ち取るために戦い続けるストーリーである。

武士を眺める者の姿すら描かれている。

●〝一発逆転〟もあった社会だった

江戸時代の身分制度というと、士農工商の4つのカテゴリーから抜け出すことができないかのようなイメージがある。確かに、武士になれるのは、武士の家に生まれた者だけであった。しかし、刀を差すことは、藩へ献金さえすれば、百姓や町人であっても許されていた。

徳川幕府四代将軍・家綱。農村の浪人の娘から生まれた

また、農民が都市に出稼ぎに行って、商人や職人になることもあったし、逆に、金持ちの商人が農村に土地を持ち、地主になる例もあった。

特に女たちには〝一発逆転〟のチャンスがあった。

徳川将軍は正室の他に、側室を多く持ったが、側室の身分は必ずしも上流階級とは限らない。例えば四代将軍・家綱※の生母である、お楽の方（宝樹院）。彼女は三代将軍・家光※の側室であるが、農村の浪人の娘である。

五代将軍・綱吉※の生母は有名な桂昌院《けいしょういん》であるが、彼女は、八百屋の娘であるとか、畳屋の娘という説が江戸

※徳川家綱
（1641〜1680）
父は徳川家光。家綱の治世に有名な「由井正雪の乱」が起こった。

※徳川家光
（1604〜1651）
父は徳川秀忠。母は織田信長の姪にあたるお江の方。生まれながらの将軍として、有能な幕臣に恵まれて政治を行った。

※徳川綱吉
（1646〜1709）
父は徳川家光。「生類憐みの令」を出したことで悪評高い。「元禄赤穂事件」は彼の治世の出来事である。

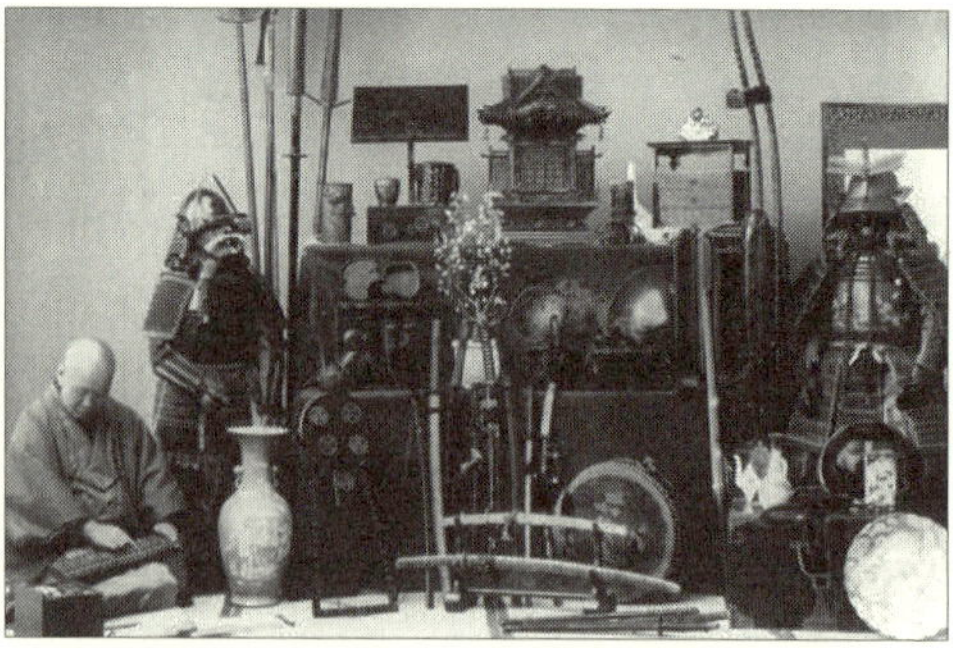

軍装品の横で算盤をはじく江戸時代末期の商人の写真

時代から伝わっている。

八代将軍吉宗※の生母・お由利の方は、素性が分からず、一説によると、百姓の娘であるという。このように、一部の徳川将軍は、ある意味身分の枠を越えて、この世に生まれ出ているのだ。

商人の世界にも、出世のチャンスは当然あった。

武家の世界は、家臣さえしっかりしていれば、世襲制でも乗り切っていけるかもしれないが、生き馬の目を抜く商売人の社会はそうはいかない。

バカ息子に家を継がせたら、たちまち商売が成り立たなくなって家が潰れてしまう。

そこで、商家ではバカ息子に跡を継がせず、娘に跡を継がせて、家の番頭や手代のなかで優秀な者と結婚させるのである。いわゆる婿養子※だ。しかし、婿養子が思ったほど大した人物でなかったなら離縁に追い込まれるのだから、厳しい世界である。

●本当に怖いのは同じ身分間の差別

※徳川吉宗
（1684〜1751）父は徳川光貞。公事方御定書の制定、目安箱の設置などの幕政改革「享保の改革」を推進した名君として知られる。

※婿養子
江戸末期の古着木綿商高島屋（現在の高島屋グループの原形）の創業者・飯田新七も、婿養子として迎えられている。

これまで見てきたように、**身分の壁は昭和の教科書で習ったほど、厚いものではなかった。**

といっても、階級差別がなかったわけではない。違う身分よりも同じ身分、例えば武家なら武家、商家なら商家のなかに、激しい差別があったのだ。

武士の身分では、階級は石高※によって分けられた。単純化していえば、1万石以上の領地を持っている者は大名で、それ以外の者は家臣。家臣ですらない武士は浪人であり、惨めな思いをしていた。

大名内でも、100万石級の者と、1万石の者とではえらい違い。大名が江戸城に出仕した際、休憩する部屋は家格によって違っていた。

大廊下の「上の間」は、徳川一門の御三家※が詰める部屋。「下の間」は、前田家・島津家・伊達家など大大名が詰める部屋。「溜の間」は、井伊家・会津松平家など有力な譜代大名が使用を許された部屋。「大広間」は、外様大名で冠位が四位以上の者が詰める部屋というように、差別化されていた。

農村でも似たような光景が見られた。村の会議「寄合」に参加できる者が本百姓、参加資格を持たない者が小前百姓という具合に、百姓にも階級があった。江戸時代は、同一身分においてこそ、歴然と可視化された「差別」があったわけだ。

もっとも、それは現代においても同じことである。正社員と非正規社員、大企業と中小企業、スクールカーストなど……。本当に怖いのは今も昔も身近な差別なのである。

※石高
検地によって定められた耕地の生産高。

※御三家
尾張徳川家・紀州徳川家・水戸徳川家の3家。それぞれ藩祖は徳川家康の子であり、諸大名のなかでも別格の扱いを受けていた。

【庶民の私生活にまで踏み込む怪文書？】

「慶安の御触書」の正体

歴史新常識 其の18

●世代によっては知ることすらない

江戸時代に出された「慶安の御触書」といっても、現代の子どもたちはポカンとするしかないかもしれない。日本史教科書の定番として、多数の学校が使用している『詳説日本史B』には、**その名前さえ見つからない**※からだ。

一方で、筆者も含めた、戦後の昭和生まれの読者は、教科書のなかに次のような記述があったことを覚えているだろう。

「領主は農民がぜいたくをして没落するのをふせぐために、日常生活にまできびしい制限を加えた。1649（慶安2）年に幕府がだした**慶安の御触書には、農業技術の指導とともに、衣食住など農民の生活に対するこまかい規定が示されている**」（『書きこみ　教科書詳説日本史』）。

※見つからない　ただ「農民に出された御触書」という名前で登場することはある。

そして、丁寧な教科書になると御触書の原文を載せて生徒の理解の充実をはかっていた。

原文を読むのは難しいので、ここでは条文の一部の現代語訳を載せておこう。

「朝早く起きて、草を刈り、昼は田畑を耕し、晩には縄をない、俵をあみ、それぞれの仕事を油断なくすること」、「酒や茶を買って飲んではならない。それは妻子も同様である」、「見境なく、米や雑穀を妻子に食べさせないこと」、「美人の女房でも、大茶を飲み、遊び好きな女は離縁せよ。ブサイクでも夫を大切にする女房は大事にせよ」、「百姓の衣類は、布・木綿のほかは、帯や着物の裏にしてもいけない」などなど……※。

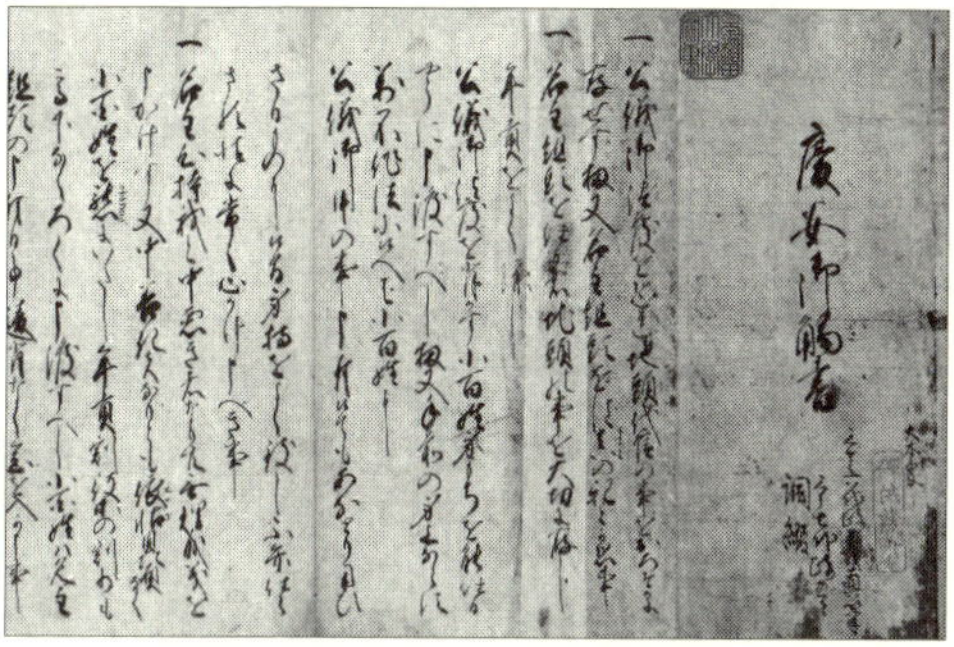

「慶安の御触書」の写本（国会図書館蔵）

はしばしに正論が見られるものの、現代人からすれば「余計なお世話だ！」と突っ込みたくなるような内容である。これを見て、生徒は何を思うか？

おそらく「江戸時代というのは、支配階級である武士が威張り、被支配階級の農民は見下され、ひどく虐げられていたんだ」という否定的な感想が無意識のうちに頭に刷り込まれることだろう。

ある学校の先生が使う「指導資料　授業案」には次のように書かれている。

※などなど
「粟や稗などの雑穀などを食べ、米を多く食べ過ぎないこと」という文言もある。百姓に贅沢をさせないためだが、結果的には脚気の予防に繋がる良心的な内容となっている。

「慶安の御触書を例に考える」として「江戸時代はどんな時代だったか思い出す」という項目がある。そして、予想される生徒の反応として「将軍がすべての権力を握っていた時代」、「身分制度があった時代」、「農民が重い年貢に苦しめられた時代」との記述が並べられている。

さらに「慶安の御触書が今の時代にそぐわない点を考える」という学習課題を出し「日本国憲法に違反する」「基本的人権※に反する」という生徒の回答を期待している。

確かに300年以上前の規定と、現代の価値観に照らせば「けしからん」という答えが返ってくるだろうが、この授業案からは江戸時代を暗黒の世として刷り込みたい、前項でも述べた「階級闘争史観」が見え隠れしている。

●研究が進んで真相が明らかに

では、なぜ近年の教科書では慶安の御触書に関する記述が減少しているのだろう？

それは昭和の教科書にある「1649（慶安2）年に幕府がだした慶安の御触書」との記述に**疑いが持たれたから**だ。慶安2年に出されたことが確実な触書の現物は見つかっておらず、しかも幕府ではなく、甲府藩が触書を作成したことが明らかになってきたのだ。

甲府藩は1697年に「百姓身持之覚書」という触書を出している。これは、甲州から信州にかけて広まっていた、農民を教え諭す書物「百姓身持之事」を改訂して作られたも

※基本的人権
平等権、自由権、社会権のこと。そもそも近代的な人権を封建社会の事情に持ち込む必要があるのかという疑問が湧く。

のであった。

教諭書には、例えば「普段から朝早く起き、下人（奉公人）を草刈につかわしなさい」と記されていた。つまり、貧しい農民向けではなく、下人を抱えて農業を行う、ある程度豊かな農民に対して出された書物だったのである。

それを甲府藩が一般百姓を対象にして改訂したのが、「百姓身持之覚書」。この覚書を初めて「慶安の御触書」と名付けたのは、美濃国（現代の岐阜県）の小藩・岩村藩であった。同藩は1830年に木版本『慶安御触書』を出版しているが、これに深く関係しているのが、幕府学問所の総裁で儒学者の林述斎である。今でいえば東京大学の学長といったところか。

『慶安御触書』出版に関与した林述斎

江戸時代後期に、肥前国（現在の佐賀県）平戸藩の藩主・松浦静山※が書いた有名な随筆集『甲子夜話』に、『慶安御触書』出版の経緯が詳しく載っている。
8月8日、林述斎が訪ねてきた。話のなかで彼はこう言った。岩村侯（松平乗美）の家に慶安2年2月、幕府より、広く民間に伝達

※松浦静山
（1760～1841）

肥前国平戸藩の九代藩主。屏風や浮世絵など多くの美術品を蒐集した。『甲子夜話（かっしやわ）』は藩主を引退後20年にわたって書き続けられた随筆。大事件から社会風俗までカバーした一級の史料である。

された小冊子がありました。岩村侯はまだ年が若いので、私はその政治の補佐をしています。その関係から、この小冊子の内容はとても有益であるので、岩村藩の領内へ木版本として配布したのです」

●御触書発布は領主の民への思いやり？

しかし、これまで述べたように「慶安の御触書」が幕府から出された形跡はない。では岩村藩に存在した小冊子とは、一体何なのか？　これこそ、甲府藩が出した「百姓身持之覚書」であるとする説が有力である。ではなぜ、林述斎は「幕府より、広く民間に伝達され」たと語り、覚書は『慶安御触書』と名付けられて出版されたのか？

その名付け親もまた、林述斎とする見解もある。実は慶安年間は林家の初代・羅山《らざん》の晩年であり、かつクーデター事件「由井正雪の乱※」が起こる等、時代の変わり目であった。「先祖を顕彰したい」という意図や、時代認識が重なった結果、述斎は思い切って「慶安御触書」と名付けたのではないか、とされている。

岩村藩が『慶安御触書』を出版すると、東日本の中小規模の大名は、競って、触書を配布した。全国各地における触書の採用が集中しているのが、天保年間である。天保年間と言えば、「江戸四大飢饉」のひとつに数えられる「天保の大飢饉」が起こった時代だ。飢饉によって米価は値上がり、各地で百姓一揆や打ちこわしが多発した。

※由井正雪の乱
1651年4月から7月に起こった事件。別名「慶安の変」。首謀者は由井正雪、丸橋忠弥らであり、幕府高官を討ち取り、幕府転覆を目指した。しかし密告により計画は露見し、正雪は自殺した。

そうしたご時世だから、領主は「幕府の法令を怠ったり、地頭や代官のことを粗末に考えず、また名主や組頭のことは真の親のように思って尊敬すること」、「酒や茶を買って飲まないこと。妻子も同じ」、「煙草を吸わないこと。これは食物にもならず、いずれ病気になるものである」、「男は農耕、女房は機織りに励み、夜なべをして夫婦ともよく働くこと」など、君主と領民の理想的な関係、そして領民のあるべき姿を説いた『慶安御触書』を広めたかったのである。

動揺する民心を抑えようという、各藩の苦肉の策だが、見方を変えれば領民に節制を説く、愛情あふれる書物と言えないこともない。現代の価値観からすれば受け入れられない面もあるが、時代背景を考慮すれば「基本的人権に反する」と責め立てるのは適当ではない。

前述した、戦後の歴史学界に浸透していた「階級闘争史観」の源流にあるのは、カール・マルクス※とフリードリヒ・エンゲルス※の『共産党宣言』である。ここにある、「今日までのあらゆる社会の歴史は、階級闘争の歴史である」との言葉を裏付けたいかのように、日本史を「権力者対人民」の構図で解釈する歴史学者や知識人が、かつては大半であった。

未だに教育現場からは「御触書の記述を無くさないで欲しい」との要求もあるようだ。士農工商と同じく、江戸時代の人民が締め付けられていた、証拠のひとつだったからだろう。言うまでもなく、歴史はこんな固定された史観を通してではなく、その時代の事情に鑑みて、初めて理解できるものだろう。

※カール・マルクス
（1818〜1883）
ドイツ出身の哲学者・思想家。イギリスを中心に活動した。彼の思想はマルクス主義と呼ばれ、19世紀以降の国際政治や思想に大きな影響を与えた。著書に『資本論』、『経済学批判』などがある。エンゲルスとの共著に『ドイツ・イデオロギー』がある。

※フリードリヒ・エンゲルス
（1820〜1895）
ドイツの社会思想家。マルクスと協力して社会主義の世界観を構築した。著作に『空想から科学へ』、『家族・私有財産・国家の起源』などがある。

歴史新常識 其の19

【空前絶後の悪法の真実】「生類憐れみの令」にまつわる謎

●なぜこんな法令を出したのか？

「慶安の御触書」と並び江戸時代の法令として有名なのが、「生類憐れみの令」だ。道のど真ん中をノッシノッシと歩く犬、それに対して、周りにいる人間たちは犬を避けるようにして怯えている。馬や鳥を殺しただけで、流罪や死刑に処せられる哀れな人々……。時代劇でよく描かれるお馴染みの光景だろう。

このような印象から、生類憐れみの令に良い印象を持つ人は少ないはずだ。しかし、研究の深化によって、この**〝悪法〟に新たな光が当てられている。**

それをご紹介する前に、この法令の基礎知識をお伝えしておこう。

生類憐れみの令については研究が進んだとはいえ、未だに明らかではないことも多い。

そもそも、五代将軍・徳川綱吉※は、なぜ生類憐れみの令を出したのか？

※徳川綱吉（1646〜1709）江戸幕府の五代将軍。家光の四男。四代将軍・家綱の弟。兄の死後、将軍職を継承し、老中・堀田正俊を大老にすえた。正俊死後は、側用人・柳沢吉保を重用。綱吉は、学問の興隆をはかる一方で、生類憐れみの令を発した。

生類憐れみの令を出したことで「犬公方」と呼ばれた徳川綱吉

一般に浸透している説は、嫡男を亡くして以来、跡継ぎに恵まれない綱吉が「子を授かりたいのなら、生き物を慈しんで殺さないこと」という僧・隆光※の勧めを受け入れたというもの。綱吉の生母で、当時絶大な権勢を誇っていた桂昌院《けいしょういん》の関与とセットで語られることが多い。

　だが、この「隆光原因説」は、現在では下火になっており、後述するように、別の見解も提出されている。

　次に、生類憐れみの令はいつ出されたのか？

　一般的には1687年1月28日の「人や牛馬などの生き物で、病気が重いものを、未だ死なないうちから、捨ててしまう者がいると聞く。このような不届きな者がいれば、厳しく処分せよ。密かにそのような悪事をする者がいたならば、訴え出よ。悪者の仲間であったとしても訴え出たならば、その罪を許し、褒美を与えよう」との法令が、生類憐れみの令の初めての発布とする説が有力だ。

　が、それより2年前の2月に出された法令「この頃、みだりに鉄砲を撃つ者があると聞く。不届きなことである。鉄砲を撃った者を捕えたら、褒美を与えよう」との

※隆光
（1649〜1724）
江戸中期の真言宗の僧。大和国の出身。奈良の諸寺で様々な学問を習得した。綱吉と生母・桂昌院の寵愛を受け、権僧正に抜擢。江戸知足院へ招聘された。生類憐れみの令を綱吉に提言したとされてきた。

綱吉に影響力を持った生母・桂昌院

射撃禁止令が、憐みの令の始まりとする見解もある。射撃の禁止は生き物を慈しむことにつながるからだ。

さらに、1685年7月14日に出された、「将軍がお出ましになる道路に犬猫がいても良い。犬猫を繋いでおくことは無用である」との法令を初発とする説も、近年支持を集めている。

八代将軍吉宗※は、将軍の外出「御成り」の際には、犬猫を繋ぎ止めておくように命令している。対して綱吉は「繋ぎ止める必要はない」としたので、これが綱吉政権独自の生き物愛護策だというのである。

このように、生類憐れみの令については、明らかでない面は多々ある。

研究者の中には「生類憐れみの令というまとまった法令が制定された訳ではなく、生類憐れみを掲げた様々な法令が出されているのだから、政策がいつから始まったかを明確にすることはできない」とあきらめ顔の者もいる。

一方で、政策の実施には社会的背景や、時の政権の意図があるので、それらを地道に追究すれば、生類憐れみの令の謎も解けると意気込む人もいる。

※徳川吉宗
（1684〜1751）江戸幕府八代将軍。和歌山藩の徳川光貞の四男。兄たちが相次いで死去したために、藩主となる。紀州藩主から将軍となり、享保の改革を行った。

●教育現場での扱い

では教育現場では生類憐れみの令について、どのように扱っているのか。

中学校の公民の指導案を見てみよう。「(生類憐れみの令の) 内容がいかに動物愛護であっても、あるいは仁愛による統治であっても、権力者が恣意的に、庶民の意見を聞かずに導入するものが、いかなる結果を招くかを、学んでほしい」とある。

中野にあった「犬屋敷」跡。無数の犬の銅像が置かれている

また「リーダーの独善的※な道徳心のおしつけが、いかに迷惑なものか、とてもはっきりとみえる事例とでもいえるでしょう」とあるので、どちらかと言えば、憐みの令の「負の側面」を学習することに重きが置かれている。

では、日本史の教科書はどうか。昭和に出された『書きこみ教科書詳説日本史』には「綱吉は生類憐れみの令をだして犬や鳥獣の保護を命じ、それをきびしく励行させたために、庶民の不満をつのらせた」と記されている。

一方で、最新の教科書では「生類憐れみの令を出し、犬を大切にし、すべての生き物の殺生を禁じ、江戸では大規模な犬小屋をつくって野犬を収容した。この法令によって庶民は迷惑をこうむったが、町に野犬が横行する

※独善的
犬が重点的に保護されたのは、綱吉が丙戌年生まれだったからという説がある。

状態や捨て子の放置などは解消された」と書かれている。**法令の陰の部分だけでなく、光の部分も記載されているのが特徴である。**そう、生類憐れみの令は「庶民が迷惑をこうむった」と簡単に片付けられるものではないのだ。

治安を乱す存在だった「傾奇者」

●なぜ生類憐れみの令を出したのか？

実は、生類憐れみの令は悪しき風習を退ける役割も果たした。

犬を食用とする「犬食文化」は、韓国が有名だが、かつての日本にも存在していた。特に、江戸時代の無頼集団「傾奇者[※]」は、面白半分に犬を殺し、喰らっていたとされる。乱暴・狼藉を働く傾奇者たちは治安を乱す存在だったから、犬の保護を打ち出すことによって、蛮習を変えようという意図もあったのだ。

犬自体も、町を徘徊し人に噛みつき、ゴミを食い散らかすなどの行為で、人々の不評を買っていた。被害を食い止めるために犬を殺すこともあったから、大規模な犬小屋の設置は、犬を隔離し人々の被害を減少させた。

また、野犬は別にして、唐犬（南蛮犬）や鳥・インコなどの「異国の禽獣（動物）」は、

※傾奇者
異様な風体で徒党を組み、街を徘徊する集団。独自の文化・習俗を持つ、現代でいえばヤンキー、不良のような者たち。

贅沢品の最たるものだった。大名たちの中には、異国の珍しい動物を競って求める者もいた。綱吉政権は、こうした舶来の動植物や金糸といった贅沢品の輸入を禁じる通達を長崎奉行に出している。

というのも、綱吉政権は、思いやりのある政治「仁政」の実現を当初から掲げ、風俗の乱れや、贅沢の横行などの〝社会悪〟に厳しい姿勢で臨んでいたのだ。その是正のための政策が、異国の物産の輸入禁止※であり、生類憐れみの令だと位置付けられるのである。

犬や馬などの動物だけが対象になったと思われがちであるが、「人や牛馬などの生き物で、病気が重いものを、未だ死なないうちから、捨ててしまう者がいると聞く」との前述の法令にも明らかなように、生類憐れみの令は人間をも包み込むものだった。

1832年にオランダから渡ってきたインコ

病人だけでなく、1687年4月には「捨て子があったなら、その地元の者が養うか、子供がほしい者がいたなら、その者に預けよ」という捨て子救済策も出されている。

捨て子を金儲けの手段に使う悪人には、厳罰が科された。例えば、出生直後の女児を受け取りながら、道に捨てた不届き者には獄門や磔が言い渡された。

※輸入禁止
四代将軍家綱の時代にも、輸入禁止の通達が出ており、綱吉はそれを継承した。

この不届き者には、すでに養育料が支払われていたという。つまり、養育料を受け取るだけ受け取って、捨てたのである。

これまで見てきたように、不評で覆われてきた生類憐れみの令に、長所があったことも事実である。物事を客観的に見つめてこそ、歴史は新たな光を放つのだ。

もっとも、捨て子禁止の徹底は新たな悲劇も生んだ。厳罰を恐れて、人目のつかぬ所に子を捨てる者も出てきたのだ。養親がいなければ、乳飲み子は死んでいくしかない。厳格な法令が、皮肉なことに、子の命を奪うことに繋がるケースもあったわけだ。

また、犬を保護する犬小屋の設置は、藩の負担であったために財政的に苦境に立たされる大名もいた。犬小屋の収容限度を超えた犬を預けられて、大きな負担に苦しんだ村もあったという。

綱吉の死後、6代将軍・家宣《いえのぶ》の治世となって政治改革「正徳の治※」が進むと、生類憐れみの令は真っ先に槍玉に挙げられ、犬小屋も撤去され、多くの規制についても順次廃止されていった。しかし、牛馬の遺棄の禁止、捨て子や病人の保護などは続いたのだった。

※正徳の治
中心人物は将軍の侍講・新井白石や側用人の間部詮房らである。

【不正・腐敗・賄賂の権化？】

実は有能な政治家だった田沼意次

歴史新常識 其の20

●賄賂を横行させた？

日本史上における金権政治の代名詞といえば、江戸時代中期の政治家・田沼意次である。

昭和の『書きこみ教科書詳説日本史』には「**商人資本を利用して実利をもとめる意次の政策は、役人と商人の間で不正をうみ、賄賂を横行させる結果となった。**役人の地位も金で左右される風潮が広がり、民衆の反発をうけた」と記されている。

最新の教科書においても「幕府役人のあいだでは、賄賂がしきりにおこなわれ、意次に反発する声も高まった」と記載され、引き続き賄賂の風潮を広めたと指摘されている。

しかし、実は**意次を優れた政治家として、評価する声が高まっている。**

その評価を詳しく見る前に、意次とは何者なのか簡単に見ておこう。

意次の父・意行※は、八代将軍・吉宗に仕え、紀州藩士から旗本となった。意次は、紀州

※父・意行（おきゆき）　意行は壮年になっても息子がいなかったが、七面大明神に帰依したところ意次が生まれた。そのため意次は七面大明神に感謝し、家紋を七曜星に変更したとされる。

毀誉褒貶が激しい田沼意次

系幕臣の第二世代として、九代将軍・徳川家重※の小姓に抜擢された。その後、加増に加増を重ね、石高も増大、役職も将軍側近職の御側御用取次から、1万石の大名となる。

家重死後も、十代家治※の信頼を勝ち取り、側用人と老中を兼任した。

側用人は将軍の側近く仕え、将軍の意思を老中に伝える役職であり、老中は政策立案や大目付・町奉行などを指揮監督する重職である。この両職を得たことが、意次の力の源泉となり、1772年には遠州相良《さがら》藩5万7000石の大名に就任する。

ここまでは立身出世を成し遂げた栄光の生涯である。

意次は幕府の政治責任者として、新たな取り組みを始める。〝米将軍〟と呼ばれた先々代の将軍・吉宗は、財政の基盤を年貢に依存していた。が、意次は年貢増徴策には限界を感じており、財源探しを行うことにした。

例えば、江戸・大坂の商人に対し、同業者組合・株仲間結成を奨め、販売独占を許す代わりに税金を課した。ロシア交易を念頭においた蝦夷地開発や、千葉県の印旛沼の干拓事業を、民間の献策を受け入れて推進した。干拓事業を進言したのは商人であり、その商人

※徳川家重
（1711～1761）
江戸幕府九代将軍。父は徳川吉宗。言語障害があり、その言葉を聞き取れる者は、側近の大岡忠光のみであったという。暗君の印象が強いが、優秀な側近を見出していることから「隠れた名君」との説もある。

※徳川家治
（1737～1786）
父は家重で、側室の子。祖父の吉宗にも将来を嘱望されていたという。田沼意次を側用人に登用した。

自身が事業に従事した。

蝦夷地開発は、開港交易と蝦夷地経営を説いた仙台藩江戸詰の医師・工藤平助※の意見を採用したものだった。意次には、進取の気性と、下々の声を受け止める度量があったことがわかる。

●退廃と弛緩の時代

しかし、幕府という「官」と、商人たち「民」の接近が加熱すれば、弊害も生まれる。幕府の便宜を受けたい商人らが、役人に取り入るようになったのだ。

意次とセットで語られる、賄賂の横行である。田沼の権勢の凄まじさや賄賂については、数々の逸話が伝わっている。

安永年間に、意次の下屋敷が完成した。完成後、屋敷の池を見て「誠に立派に出来た。この中に鯉や鮒を入れたら、面白かろう」とつぶやく意次。

するとどうだろう。意次が登城して帰ってみると、誰がどこから持ってきたのか、池の中に鯉や鮒が入っていたという。

もちろん、屋敷の者が気を利かせて、鯉を購入したのかもしれないが、意次の便宜を得たい者の手が働いていると言いたげである。

意次の機嫌伺いのため、朝夕ばかりか、日に3度も屋敷を訪れる者もいたそうだ。大老・

※工藤平助（1734～1800）仙台藩江戸詰の藩医。蘭学を修めた。海防の必要を悟り『赤蝦夷風説考』を著わした。またロシアの侵略に対する備えを説いた。

井伊直幸※までもが、その地位を得るために、意次に数千金の賄賂を贈ったとの話もある。大名ですら、意次に賄賂を贈らないと昇進が叶わなかったのだ。

田沼家の家臣のなかには、主君の威を借りて、賄賂を要求する不届き者もいた。微禄の小姓から、５万７０００石の大名にのし上がった意次。彼は急きょ禄高に見合う家臣団を整えなければならなかったが、その中身は玉石混交。かつての主家で家法を犯して追放された者まで召し抱えた例もあった。

寄せ集めの家臣団と、連日、幕政に追われる主君。腐敗は生じやすい環境だった。意次ほどの権力を持っていれば、ただでさえ賄賂の話は増えてくるだろう。それをどこまで拒絶できたかは、はっきりしない。

といっても、当時は時代の風潮として武士の退廃が進んでおり、武士らしからぬ博打や盗みに手を出す者も多かった。賄賂も特別ではなく、当時の役人たちの間でも行われていたことであり、意次だけを責めるのは不公平との指摘もある。彼の失脚後に政敵たちが「金権政治家」のレッテルを押し付けたことにも留意する必要があるだろう。

●君臣の関係の真実

意次に関する悪評は、賄賂に関するものばかりではない。

将軍・家治に諫言しようとする者を遠ざけ、飾り物にしようとしたという。しかし、こ

※井伊直幸
（いい　なおひで）
（１７３１〜１７８９）
譜代大名の名門・井伊家の大名。田沼意次と協力して幕政に関与する。意次の死去後は政争に敗れ失脚した。文芸にも造詣が深く、絵画や書を残している。

の話はデマであり、逆に意次のほうが、家治の才能※を恐れていたとの説すらある。

どちらかというと暗愚とのイメージがある家治だが、世界の情勢に関心を持ち、鋭い問いを発する人でもあった。

ある時、城の近くで大火があったが、意次は出仕が遅れた。「なぜ遅くなったか?」と問う家治に、意次は返答に窮した挙句、「実は自分の屋敷の近くに火が近付いたので、防火を言いつけていて、遅れたのです」と申し上げた。

すると将軍は「されば、わが城（江戸城）を大事とするのか、汝の屋敷を大事とするのか」と問い詰められ、返す言葉もなく、汗を拭き拭き退室したという。

確かな考えを持っていたからこそ、家治は政治家・意次を抜擢し、信頼した。彼の功績のひとつとして、進取の気性に富んだ意次を登用したことを挙げる人も多い。

田沼意次を抜擢した将軍・徳川家治

●見直される意次の業績

最新の教科書では、意次の治世における負の側面だけでなく、功績も書かれるようになった。

「意次は、幕府の財政を再建するため、積極的に商人資本を利用した。江戸と上方の流通を円滑に

※家治の才能　趣味は将棋で多くの業績を残している。意次に政治を任せてからは趣味に没頭したあまり、暗君との評価が定着してしまった。

するために貨幣制度を一本化することをこころみた。また株仲間を広く公認して、営業税によって収入をふやすことをめざし、商人の力を借りて印旛沼・手賀沼の干拓をすすめ新田開発をはかろうとした。蝦夷地の開発と交易の可能性についても研究させ、長崎貿易の支払いには銅や俵物をあてて、金・銀の輸入をすすめようとした。こうした経済政策に刺激され、田沼時代に学問・文芸などの分野は活気にあふれた」とある。

退廃した空気とともに、世の中が活気づいたというのだ。

意次は優れた政治家だったか、否か。

この問いは、**「無能だが、クリーンで性格の良い政治家」**が良いのか、それとも**「手癖は悪いが、剛腕でもって政策を進めることができる政治家」**が良いのかという、よくある二択と繋がるように思う。

様々な意見があろうが、筆者は後者の政治家に魅力を感じる。そして、意次は、近年の教科書の記述が裏付けるように、明らかに後者の人だろう。いつの時代も、政治を前に進めようとする※政治家は、毀誉褒貶《きよほうへん》に彩られる存在なのである。

※前に進めようとする急激な改革が仇となったのか、意次の息子で若年寄の意知は江戸城内で佐野政言に暗殺されてしまった。世間では加害者であるはずの政言を賞賛する声であふれたというから、気の毒な話である。

歴史新常識 其の21

意外にのどかだった？ 百姓一揆

【あまりに平穏な、権力者と人民の闘争】

●**弾圧に激しく抵抗した？**

虐げられた農民たちの怒りが頂点に達して起こるのが、武装蜂起「百姓一揆※」である。最新の教科書にも「幕府や諸藩は一揆の要求を一部認めることもあったが、多くは**武力で鎮圧し、指導者を厳罰に処した。**しかし一揆は増加し続け、凶作や飢饉のときには全国各地で同時に発生した」と強調されるように、権力者と民間人の衝突の最前線とみなされている。「江戸時代＝百姓一揆の時代」とイメージする人も多いのではないだろうか。

また、**百姓一揆といえば、打ちこわしをともなう乱暴なもの**であり、鎮圧せんとする領主側と血で血を洗う武力抗争に発展し、多くの命が失われたと思われている。

しかし、**そのような一揆像に訂正を迫る研究が進展している。**

様々な事例を挙げて見ていこう。

※一揆
思想書『孟子』に由来する言葉で、本来は揆（手段）を一つにするという意味。

1825年に信濃国（現在の長野県）松本藩で起きた一揆の記録『赤蓑談』には次のような記述がある。

村役人たちは一揆への対応を立てるために会議を開いたが、昨夜の騒動（一揆）が不意に起こったため、良き決断もできず、手を空しくして見ているより方法がなかった。一応の結論は「一揆はいつものようにお上に訴願に来るだろう。同じ領内の人間であるから、無事一揆を防ごうとして負傷や過ちがあっては申し訳ない。なるだけ穏便に取り計らい、無事を第一としよう。手向かいして争っては絶対にいけない」というものだった。ところが百姓の行動は激越であり、百姓騒動の作法に外れ、罪なき人を憎み、咎無き家を打ちこわし、その他の家々や小店に押し入り、物品を奪いとった。これは強盗行為である。

もう一つの例を紹介しよう。1811年、越前国（現在の福井県）勝山藩で起きた一揆の時に、家老の富山内膳が話した言葉である。

家老の席に連なる富山内膳が進み出てこう言った。「一昨日より（一揆勢は）城下に乱入して、乱暴狼藉を働いた。誠に法外至極のことである。第一、これは蓑虫※の所作ではない。城下に乱暴するのは、悪党者である。どうやって、これを鎮圧するか。攻め寄せてき

※蓑虫
百姓一揆のこと。一揆勢が蓑笠姿で一揆に参加したことからこう呼ばれている。

たならば、悉く討ち取るよりほかにない。早々に弓・鉄砲で討ち取る用意をせよ。

紹介した2つの史料からは、鎮圧する側から見た一揆観が読みとれる。それは、村役人たちが「穏便に取り計らい、無事を第一としよう」と取り決めているように、一揆というものは本来、平穏であるべきとの認識である。

勝山藩の本拠地・勝山城址付近に建設された勝山城博物館

「一揆はいつものようにお上に訴願に来るだろう」とあるように、いつものように温和な行動をとるはずの一揆勢の行動※が横暴になったことから「強盗行為」と批判しているのだ。

勝山藩家老の富山内膳も、一揆勢が乱暴を働いたから「悪党者」と激しく罵っている。さらに興味深いのは、彼らは一揆自体を否定していないことだ。

一揆勢が打ちこわしを行った際に「百姓騒動の作法に外れ」、「蓑虫の所作ではない」と非難している。つまり一揆は違法ではあるが、暴動に発展しない限り、仕方ない行為として認識されていたのだ。

幕府や藩も、一揆に対して、即座に武力攻撃を加える

※一揆勢の行動
一揆の盟約を結ぶときは、神前で宣言内容や罰則などを記す起請文を書いて誓約を行い、紙を焼いた灰を飲む「一味神水」と呼ばれる儀式が行われた。

ことはなかった。

一揆勢の訴状を受け取ったうえで、説得したり、解散させるのが基本方針だったのだ。

●百姓たちの一揆観

百姓側も一揆において鉄砲の使用を控えるなど、できるだけ穏便に済ませようとしていた。「百姓が持つ道具は、鎌・鍬《くわ》より他にない」と呼号し、立ち上がった一揆もあった。

鉄砲は使おうと思えば使えたが、あえて使わなかったのだ。なぜか。その答えは、1866年の「秩父一揆」のスローガンの中にある。


世の見せしめに悪者を懲らしめることが一揆の目的。あえて人命を損なう武器は持たない。


1833年、播磨国（現在の兵庫県）の「加古川筋一揆」では「天下泰平我等生命者為万民」※との大きな幟が立てられた。この一揆は、凶作による米の値段の高騰によって発生し、加古川流域の問屋や酒屋約160軒が打ち壊された。

そのような暴力行為の最中に立てられた幟は、意地悪く解釈すれば、違法を正当化するものだろう。が、一揆勢のなかに「私利私欲ではなく、万民のため」という意識が存在していたことは確かだ。

※天下泰平我等生命者為万民
「天下泰平、我らの生命は万民のため」という意味。

百姓一揆の際に持ちだされたのは、鎌・鍬・鋤《すき》・斧・熊手・刀・鉄砲などであった。

特に鎌は、百姓一揆の必携アイテムとして、持ち出されることが多かった。が、それは打ちこわしの道具として携行されたものではない。1739年の「鳥取藩元文一揆※」のスローガンにあるように、「百姓の道具は鎌・鍬より他にない。田畑に出ようが、御城下に出ようが片時も離しはしない」という想いから、鎌を手にしたのだ。百姓としてのプライドが感じられる。

一揆の象徴として映画やドラマに登場する竹槍は、19世紀に入ってから持ち出された道具であるが、それを使って人を殺した事例は、たったの2件に過ぎない。鉄砲も使われたが殺傷目的ではなく、銃声によって百姓を集結させたり、合図の道具として使用されたのだ。

以上、見てきたように、江戸時代の一揆は、領主・百姓双方に自制心が働いていたため〝暴力革命〟のような一大事に至ることはなかった。

戦後の長きにわたって、百姓一揆は「過重な取り立てに苦しめられた百姓が、領主への怒りから、止むに止まれず起こした反乱」のように解釈されてきた。これもまた「階級闘争史観」の犠牲となったわけであるが、これからは教科書の記述も変更を迫られるだろう。

両者は間違いなく、激烈な対決ではなく、穏便な解決を望んでいた※からである。

※鳥取藩元文一揆
藩領である因幡国・伯耆国（現在の鳥取県）の合わせて約5万人が参加したとされる、藩政史上最大の百姓一揆。実に当時の総人口の6分の1が参加した計算になる。飢饉による藩政の混乱が主な原因である。

※望んでいた
領主側からいえば、領内で不祥事があると幕府に取り潰されてしまうという恐怖もあっただろう。

第四章 ● 帝国の誕生と終焉 近代篇

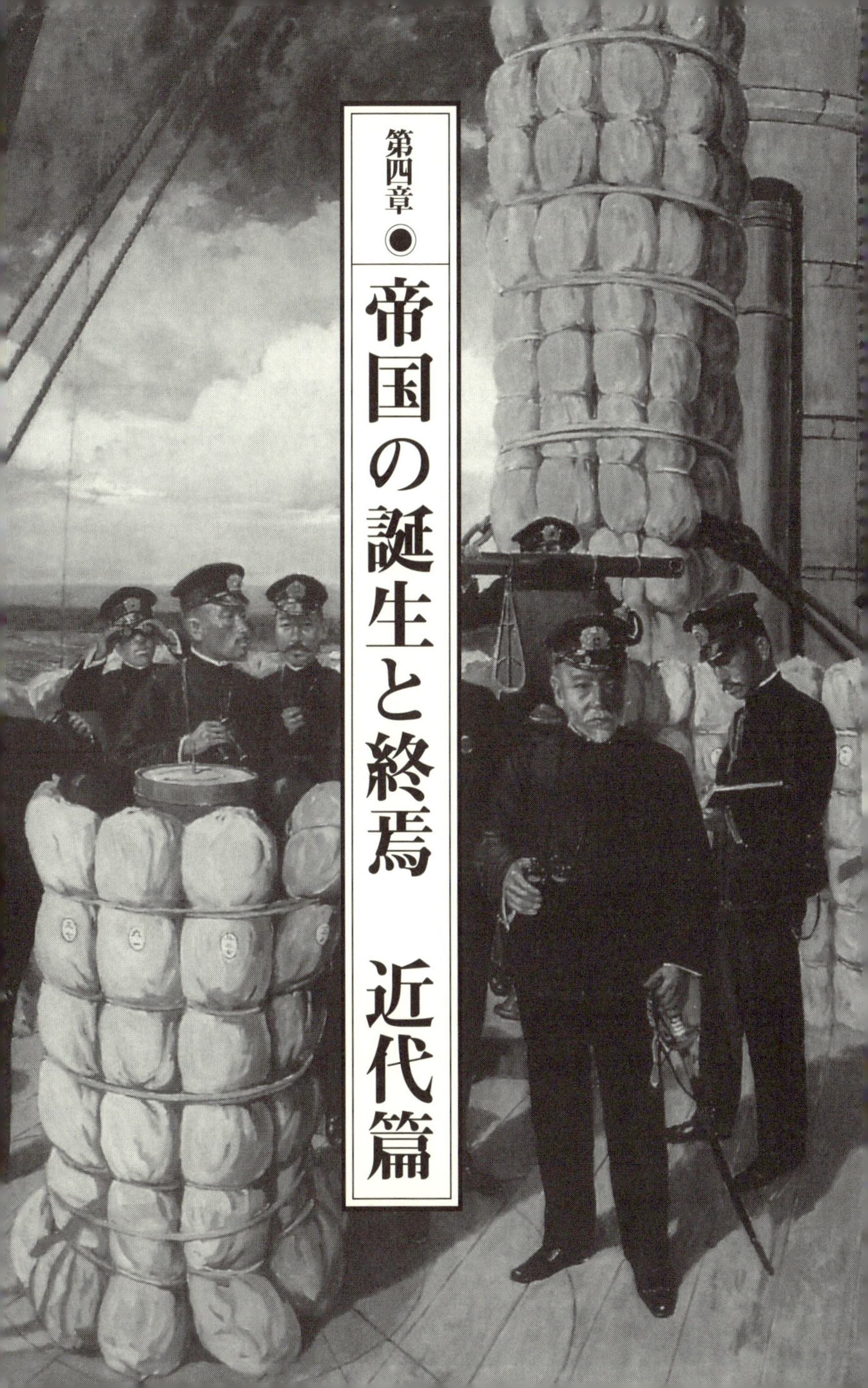

【近代日本の夜明けを呼んだ男】

ペリー来航の狙いは何だったのか

歴史新常識 其の22

●嵐を呼んだ4隻

1853年7月、4隻のアメリカ軍艦が現在の神奈川県横須賀市の浦賀沖に出現した。いわゆる「黒船来航」である。

アメリカ東インド艦隊司令長官のマシュー・ペリー※は、浦賀奉行所の役人に対して**「来航の目的はアメリカ大統領の国書を日本国皇帝に捧げることだ」**と告げた。7月14日、徳川幕府は国書を久里浜で受理した。

国書の要点は「日米両国の自由貿易を許可すること」、「難破した船員を保護し、その財産も保護すること」、「船舶に石炭や食料・水を供給する寄港地として、日本南岸にある一港を指定すること」であった。

ペリーは、翌年の春に再来することを約して、日本を去った。

※マシュー・ペリー
日本では「開国を呼んだ男」として知られているが、世界では奴隷の帰国事業に尽力した人物としても有名。

翌年、再来航したペリーは、幕府との間に「日米和親条約」を調印した。条約の主な内容は「アメリカ船のために下田・函館の二港を開き、薪水・食料・石炭その他欠乏品を供給すること」、「アメリカの漂流民の救助をすること」、「将来、下田に領事を駐在させること」、「アメリカに最恵国待遇を与えること」であった。

最恵国待遇※とは、関税などについて別の第三国に対する優遇処置と同様の処置をすることである。国書に示された「自由貿易」は未だ認められなかったが、1858年の「日米修好通商条約」締結によって、達成されることになる。

以上のことから、昭和の『書きこみ教科書 詳説日本史』では、「ペリー来航」について次のように書いている。「1853年、アメリカ東インド艦隊司令長官ペリーは軍艦4隻をひきいて浦賀にあらわれ、大統領の国書を提出して日本の開国をもとめた。幕府ははっきりした対策のないまま彼の強い態度におされて国書を正式にうけとり、いちおう日本を去らせた」と。

近代の夜明けをもたらしたペリー

そして、アメリカが日本に開国を要求した目的を、先に紹介したアメリカ大統領の国書に則して説明してきた。

要は、**日本との貿易、アメリカ船員の生命財産**

※最恵国待遇
近代の遺物として扱われがちな最恵国待遇規定だが、例えば1912年締結の「日蘭通商航海条約」が現存し、日本人はオランダにおいてオランダの最恵国国民である、スイス人と同等の待遇を受け、オランダ人は日本において日本の最恵国の国民と同等の待遇を受けることとなっている。

ペリー艦隊の旗艦であるフリゲート艦「ミシシッピ号」

の保護である。が、研究の進展によって、この通説が見直されつつある。**真の狙いは日本ではなかった**という新見解が登場したのだ。

●なぜ日本にやってきたのか？

アメリカは、18世紀の後半から対中国貿易を広東を通して行っていた。主に綿製品を多く輸出し、中国からは茶を仕入れた。

アメリカにとって中国は、重要な市場となっていた。そこで、太平洋を横断する汽船の航路開拓が目指された。中国へのルートを航行する貿易船の石炭供給地として、浮上したのが日本であった。

汽船で長い船旅を乗り切るには、大量の石炭が必要になる。アメリカの中国市場への進出をスムーズに促進させる役割を日本に期待したのだ。

次なる目的は、アメリカの捕鯨業の保護だ。

アメリカの捕鯨は独立以前から行われていたが、１７９１年頃には太平洋にも進出し、海を鯨の血※で染めていた。捕鯨業の拡大によって、遭難する捕鯨船も増えてきた。捕鯨業

※鯨の血
日本では早くも縄文時代の遺跡から、鯨類の骨が発見されている。積極的な捕獲がすでに始まっていたと推測できる。

を保護するために、中継地点の日本に開国を要求したという解釈が成り立つのだ。

現代において、欧米人は捕鯨を行う日本を「残虐だ」と非難するが、かつて欧米人は、脂を取るためだけに鯨を殺していたのである。19世紀中頃には、イギリス船なども合わせると、太平洋で操業する捕鯨船の数は500～700隻に達しており、1年間でマッコウクジラ7000～1万頭を捕獲していた。産業革命※以来、昼夜関係なく操業する工場では、安い鯨油は、照明用としてうってつけの商品だったのだ。

このように、日本の開国には、アメリカの対中国貿易や産業革命、捕鯨業など、**様々な要素が絡み合っていた**のである。

ペリー来航当時のアメリカの野望について、最新の教科書は「アメリカはメキシコからカリフォルニアを手に入れると、清国との貿易はいっそうさかんになり、日本の開国を熱望するようになった」と記載するようになった。

いずれにせよ、ペリーの来航は日本に近代の夜明けをもたらした。

江戸湾に現れた彼の艦隊が掲げていた星条旗は、日本の一大転機にもう一度、登場する。1945年、「太平洋戦争」に敗れた日本の降伏調印式は、アメリカ海軍の戦艦ミズーリで行われたが、その甲板にペリー艦隊が掲げていた星条旗が飾られたのだ。

「頑固で遅れた日本国をもう一度、我々の手で開国させてやる」というアメリカの姿勢が伝わってくる逸話である。

※産業革命
18世紀から19世紀にかけて起こった工場制機械工業の導入による産業革新。機械が導入されたことによって、生産量は飛躍的に上昇し、その後の社会構造にも大きな影響を与えた。

歴史新常識 其の23

【奉還してもやる気まんまんだった】

最後の将軍 慶喜の秘策とは？

●「大政奉還」の真意は

1867年10月14日、「大政奉還」を行って、江戸幕府最後の将軍となったのが徳川慶喜だ。彼は維新後も長生きして、大正時代の1913年に亡くなった。

晩年の慶喜の肉声を記した『昔夢会筆記《せきむかいひっき》』には、往時を回顧した次のような言葉が見える。

「東照公（家康）は日本国のために幕府を開いて将軍職に就かれたが、予は日本国のために幕府を葬るの任を引き受けようと覚悟を定めたのだ」、「土佐の後藤象二郎※・福岡孝弟らが山内容堂の文書をもってきて、政権奉還を勧めたとき、予はこれをかねての志を遂げる絶好の機会と考えた」と。

当時、**すでに権力への未練はなく、政権を手放す覚悟をしっかり持っていた**かのような優等生的セリフであり、かつてはこれが慶喜の真意であると考えられてきた。しかし、幕

※後藤象二郎（1838〜1897）
土佐藩の上士の家に生まれ、幕末には参政（首相格）となり土佐藩の政治運営を任された。土佐の脱藩浪人だった坂本龍馬とも意気投合し、龍馬の提案とされる船中八策に基づいて、大政奉還を献策するなど明治維新に貢献したが、維新以降は逓信大臣や農商務大臣を歴任した。

末の末期における彼の行動は、**この言葉と真逆の方向を向いていた**と言わざるを得ない。

●江戸幕府のもっとも長い日

大政奉還の当日、慶喜の側近・西周※は、二条城に召されていた。彼はオランダに留学し、法学や哲学・国際法を学んだ知識人である。

慶喜が各藩の重臣に大政の奉還を諮問する様子を描いた絵画

慶喜は幕臣の西周に対し、英国の議院制度等に関して諮問し、彼は大政奉還後の11月に意見書として政体構想「議題草案」を提出している。

この中では、徳川家の将軍を元首として「大君」と称し、行政権を握るとしている。大君は大坂城に「公府」を開き、官僚を任免できる権限を持つとされた。

各藩大名や藩士により構成され、上院・下院に分かれる議会「議政院」を置き、「全国の綱紀に関わる大法」を定めるとしながらも、大君は上院議長を兼ね、下院の解散権を持っている。天皇の地位は儀礼的権威に限定され、公卿は都から外出してはならなかった。

この構想を読めば明らかなように、徳川将軍家、いや

※西周（にし　あまね）（1829〜1897）
幕臣・思想家。オランダに留学し開成所教授として「万国公法」の翻訳にあたる。森有礼らと「明六社」を通じて西洋哲学の紹介にも努める。フィロソフィーを「哲学」と訳したのは西である。

「復活」を虎視眈々と狙っていた徳川慶喜

慶喜にとって、かなり有利な案となっている。

大政奉還当日は、西周にイギリスの議院や三権分立※のことを聞いたが、別の日にも重臣たちを集めて、君主制や法律についての研究会を開催している。

とても政権への意欲を失った人物の行動には見えないし、慶喜が将軍を辞職したとしても、徳川家は未だ諸藩を圧倒する力を持っていた。

当の朝廷はといえば、大政を奉還されても、政権を運営する能力も体制もなかった。緊急政務の処理は引き続き慶喜に任され、外交に関しても、幕府が担当することになった。この後も、慶喜がうまく朝廷を取り込んでいたならば、徳川家が政権を握り続けていた可能性も否定できない。

●謎の〝敵前逃亡〟で歴史を変える

慶喜の素早い行動に危機感を募らせた薩摩・長州両藩を中心とする倒幕派は、慶喜抜きの新体制を樹立するクーデターを実行に移す。同年12月9日、薩摩藩など5藩の兵が御所を封鎖し、「王政復古の大号令※」が発せられ、幕府の廃止と、総裁・議定・参与という新

※三権分立
三権すなわち行政権（法を執行する権力）、立法権（法を定立する権力）、司法権（憲法、並びに各種の法規を執行する権力）を分割することで、権力が単一の機関に集中することによる権力の濫用を抑止する仕組みのこと。

※王政復古の大号令
「大政奉還」以後も徳川家が最大の大名だったが、この大号令は天皇中心の政治を宣言しただけではなく、慶喜に「辞官（官職を辞する）」、「納地（領地を朝廷に返上する）」を要求し、日本の政治からの排除を狙うものであった。

体制の役職が決められた。

慶喜は衝突を避けるため京都の二条城を出て、大坂城に向かうことになるが、後年、この時の心境を「予は、天皇の足元の都で争乱を発することを恐れ、別に深謀遠慮があったわけではないけれども、ただ現下の形勢を緩和したいばかりに、ひとまず大坂に下ろうと決心した」と語っている。

大坂では意気軒昂だった慶喜だが、やがて江戸へ逃亡した

つまり、特に深い考えがあったわけではないというのだ。

しかし、慶喜は大坂に向かう前に、薩摩藩攻撃を強硬に主張する会津藩の佐川官兵衛にこう語ったという。

「必ず薩摩の罪は問うつもりだ。予には深謀がある。事は機密にしておかなければ敗れるものだから、いまは明言しない」

新しい世のために、慶喜を徹底的に排除しようと考えていた薩摩藩の大久保利通※は、慶喜の大坂行を「大坂を根拠として親藩・譜代の大名を語らい、5藩を離間させ薩長を孤立させて挽回策を講ずるもの」と睨んでいた。

その読み通り、大坂に赴いても慶喜は意欲満々であった。

12月16日、慶喜は大坂城でイギリス・フランス・アメ

※大久保利通
（1830〜1878）

薩摩藩士として、西郷隆盛らと倒幕運動を推進した。維新後は、参議や大蔵卿・内務卿を歴任。怜悧な理論派として知られ敵も多く、士族によって暗殺されて生涯を終えた。

リカなど6カ国の代表と会見した。

その席で慶喜は「日本の政体が安定するまで、外国事務は自分の任務として責任をもって執行する」と明言している。また、敵であるはずの新政府の出納係が、慶喜に懇願して金5万両を引き出したとの逸話もある。未だに外交面でも財政面でも、幕府が優位にあったのである。

年末には慶喜が再上洛のうえ、しかるべき地位に就く可能性すら出てきた。

しかし江戸では薩摩藩の浪人による幕府側への挑発が続き、12月25日には、老中・稲葉正邦《まさくに》が庄内藩に命じて、江戸薩摩藩邸を襲撃させる事件が起きる。倒幕派の挑発は、大坂の旧幕府勢力を怒らせ、ついに暴発させることになる。

「鳥羽・伏見の戦い」の勃発である。

結果は、装備や士気で優る新政府軍の勝利であった。慶喜は大坂城を捨て、海路で江戸へ退いた。その後の歴史は教科書が記す通りである。しかし総兵力では旧幕府軍が上回っており、もし慶喜が大坂城で踏ん張っていたら、新政府軍に勝てたとする見方も強い。

この〝敵前逃亡〟の真意は現在でも謎※とされているが、ともあれ日本は、富国強兵・殖産興業のための国力を損なわずして、革命を成功させた。

最新の教科書には、慶喜による大政奉還を **「政権は返上しても、徳川氏が大名としては存続し、国政のうえで実質的な影響力を維持しようとするねらいがあった」** と記している。

※現在でも謎
慶喜は、第二次長州征伐の時（一八六六年）、大討込と称して、自ら出馬して巻き返すことを宣言するも、小倉城陥落の報に接するや、すぐさま出陣を中止している。鳥羽・伏見の戦い直後の慶喜の行動は、これに似ていなくもない。

【民主主義の萌芽か凶徒か】

自由民権運動は正義の運動か？

歴史新常識 其の24

●国会の開設を強硬に要求

明治日本誕生からほどなくして沸き起こったのが、「自由民権運動」である。その運動の契機を、最新の教科書は次のように記している。

「1874（明治7）年、板垣退助※らは東京で愛国公党をつくり、民撰議院設立の建白書を太政官の左院に提出した。これが自由民権運動の出発点となった」と。

板垣らは、建白書において、官僚政治を批判し、国会の開設を要求したのだ。当初は旧武士階級である士族のみの運動であったが、板垣は組織の拡大を目指して、1875年に「愛国社」を創設する。

これに対し明治政府は、すぐに要求には応じず、ゆるやかに国会開設を目指す構えを見せる。その一方で同年、著作物によって他人の名誉を傷付ける行為を罰する「讒謗律《ざんぼうりつ》」や、

※板垣退助（1837～1919）元土佐藩士で、自由民権運動の指導者。土佐藩主・山内容堂を補佐して倒幕運動を推進。維新後は、藩閥政治を攻撃し、自由民権論を主張し、「自由党」を創設した。岐阜に遊説の際、刺客に刺され「板垣死すとも自由は死せず」と絶叫した逸話は有名。

運動の演説会の様子

新聞・雑誌による反政府言論活動を封じる「新聞紙条例」を定め、民権活動家の手足をもぎ取ろうとする。

しかし運動は下火にならず、士族のみならず、地主や商工業者・農民にまで広がりを見せる。

1880年になると、民権派は国会期成同盟※を作り、政府に対して国会をすぐ開くよう強硬に要求する。

政府は、政事を論議するために聴衆を集める者は開会3日前に「演説者の氏名・住所・会同の場所・日時」などの詳細事項を記し、警察署に認可を受けねばならないとする、「集会条例」を作って、民権派を更に弾圧したことで、さらに対立は激化した。翌年、板垣は「自由党」を結成し、来るべき国会開設に備える。

昭和の教科書にも大なり小なり以上の内容が掲載されている。

教科書の記述を参考にして、自由民権運動の概要を述べたが、経緯だけを見ると、**自由を求める民権運動家たちは〝善〟で、それをあの手この手で取り締まろうとする政府は〝悪〟である**との印象を受ける。

もちろん言論の自由を主張し、国会開設を訴えた自由民権運動には大きな意義があった

※国会期成同盟
1880年に「愛国社」を改称して結成した組織で、国会開設請願運動を展開した。「自由党」創設の母体ともなった。

が、手放しに賞賛するべき政治活動だったのだろうか。民権派の大物たちの行動や言説をたどると、**意外な事実**が浮かび上がってくる。

●民権派の大物たちの素顔

まずは運動の中心人物である板垣退助。

彼の思惑を、旧福岡藩士たちが中心となった政治団体「玄洋社」は、『玄洋社社史』で、次のように指摘している。

自由民権運動の主導者・板垣退助

征韓論争[※]に破れた板垣は政府の専制を憎むが、武力をもって政府を打倒しようとする企ては悉く失敗しているのを見て、言論をもって政府転覆の便利な道具とした。

つまり、板垣は言論を「政府攻撃の道具」として利用したに過ぎないというのである。

板垣と同じ土佐藩（現在の高知県）出身で、天皇の側近となった佐々木高行[※]も、その日記のなかで「板垣が民権論を唱えているのは不平より起こっ

※征韓論争
朝鮮半島政策をめぐって、新政府幹部の意見が真っ二つに割れた事件。西郷隆盛、板垣退助、江藤新平など大量の人材が下野した。

※佐々木高行
（1830〜1910）
土佐藩出身。倒幕運動に参加し、維新後は新政府に参画。岩倉使節団にも随行する。参議兼工部卿、枢密顧問官などを歴任。

「東洋のルソー」こと中江兆民

たものである。板垣は同志を官職につけて、自分の志を伸ばす考えだ」と書いている。

民権派は外交問題をも政府攻撃の道具とした。

さらに、「東洋のルソー」と謳われた中江兆民※。

今なおリベラル派からの人気が高いことから、彼を平和主義者かのように思っている人もいるが、それは間違いだ。

朝鮮半島で日本人の民間人が殺害され、主権侵害があったにもかかわらず、軍事行動を起こさなかった日本政府の対応を「弱腰」と猛批判、「隣国の軽侮を招いたのは政府の失策の一つ」と攻撃しているのだ。

自由民権運動の指導者の一人である馬場辰猪※も、中国や韓国の後進国ぶりを指摘し「武力をもって外面より刺激を与え改良すべきである」と主張している。

このように、**民権派の外交論は政府も真っ青の強硬論**であった。

これは、もともと「征韓論争」で朝鮮半島への進駐を主張した者たちが運動を立ち上げたということもあるし、民衆の支持を得たいがあまり、安易な対外強硬論に迎合した結果であると思われる。

※中江兆民
（1847～1901）土佐藩生まれの思想家。名は篤介。フランスに留学し、帰国後に仏学塾を開く。自由党の「東洋自由新聞」などで明治政府への攻撃を行なった。著書に『三酔人経綸問答』、『一年有半』など。

※馬場辰猪
（1850～1888）土佐藩出身。慶応義塾に学び、藩命で英国に留学。帰国後には自由党結成に参加。渡米して、同地で死去した。

●野合政権の哀れな末路

さて、板垣の自由党と、大隈重信※の進歩党は、薩摩・長州の藩閥政府に対抗するため合同し、「憲政党」となる。

1898年、ついに彼らが権力を握る時がやってきた。大隈を内閣総理大臣、板垣を内務大臣とする「隈板内閣」が成立したのだ。ところが、政策や人事のもめ事が頻発し、政権は4カ月余りで崩壊。旧進歩党系と旧自由党系の軋轢が収まらなかったのだ。

自由党系が求めていた星亨《ほしとおる》の外務大臣任命を大隈が拒んだり、尾崎行雄文部大臣の後任人事が紛糾したりと、ドタバタ劇を繰り返し、さらに代議士たちが省庁の次官・局長職をも望んだため、官僚機構も大混乱。

アメリカのハワイ王国併合に対しては、ウィリアム・マッキンリー米国大統領に「宣戦布告か最後通牒に等しいような外交文書は見たことがない」と言わしめるような過剰反応を示し、外交音痴ぶりも露呈した。

野党時代は与党に文句だけ言っていれば良いが、政権を担えば、そういう訳にはいかない。長い野党生活を経て、念願の与党になったものの、この体たらく。現代日本政治史においてもどこかで見た光景だが、「反政府・権力奪取」のみを目的に野合した者たちの哀れな末路であった。

※大隈重信
（1838〜1922）
佐賀藩出身の政治家。幕末、尊攘の志士として活躍。維新後は、外相として条約改正にあたる。「玄洋社」社員に襲われ、片足を失うという災難にも遭遇。板垣退助とともに憲政党を結成し、最初の政党内閣の内閣総理大臣に就任。東京専門学校（現・早稲田大学）の創立者である。

歴史新常識 其の25

西南戦争 なぜ名称は変更された

【「役」から「戦争」へ】

●戦争の名称はどう決まるか

日本史上、最後にして、最大級の内乱であった「西南戦争※」。

この戦い、**戦前は「西南の役」と呼ばれていたのだが、いつの間にか「西南戦争」と呼ばれるようになった。**「たかが名前じゃないか」と言うなかれ。この表記の変更には様々な要素が絡んでいる。

「昭和の教科書では『西南の役』と呼称されていたものが、平成になって『西南戦争』に変わった」としている書籍があるが、これは正しくない。すでに昭和時代から表記の変更がなされている。

１９６９年の文部省学習指導要領（中学校社会　歴史的分野）では「藩閥政治に対抗し、民撰議院設立を目ざした自由民権運動が起こり、それがしだいに広がっていったことを理

※西南戦争
１８７７年に、現在の熊本県や宮崎県、鹿児島県などで起こった、士族による反乱。政争に敗れ、下野した西郷隆盛を中心に、新政府のやり方に不満を持つ士族たちが武装蜂起し、官軍と激戦を繰り広げた。戦いは兵力に勝る官軍の勝利に終わり、西郷隆盛は自害した。

解させるとともに、西南の役の後、言論による運動が展開されたことに着目させる」とあるように「西南の役」を使用している。

しかし、昭和に刊行された『書きこみ教科書詳説日本史』には「政府は約半年をついやしてようやくこれを鎮定することができた。西南戦争という」とすでに記載されている。

なぜ名称は変更されたのであろうか。

反乱軍を討つために横浜港から出発する帝国陸軍の様子

●「役」「乱」「戦争」の違い

まずは「役」とは何かについて見ておこう。

「役」は他国との戦争や、辺境での戦争に際して使用される歴史用語である。

モンゴル軍との戦いを「文永・弘安の役」、豊臣秀吉の朝鮮出兵を「文禄・慶長の役」、平安時代後期の奥州で繰り広げられた戦いを「前九年・後三年の役※」と呼ぶのは、よく知られている。

ちなみに「乱」は政府や権力者に対する反乱・謀反に対して付けられる。平安時代中期の平将門と藤原純友の反乱を、「承平《じょうへい》・天慶《てんぎょう》の乱」というようにだ。

※前九年の役
平安時代末期、陸奥の豪族・安倍頼時・貞任・宗任らの反乱を源頼義・義家らが平定した戦い。

※後三年の役
平安末期、奥羽の豪族・清原氏が起こした戦乱。清原氏内部の相続争いが原因であった。陸奥守の源義家が清原清衡とともに、清原家衡・武衡を下した。

並外れた人望を持っていた西郷隆盛

近代に入って勃発した、「西南戦争」以外の士族反乱も「乱」の呼び名が与えられている。「佐賀の乱※」、「神風連の乱※」、「秋月の乱※」、「萩の乱※」がそうである。

「変」も権力者を倒そうと、武力で挙兵した場合に用いられる。明智光秀が織田信長を倒した「本能寺の変」が代表例だ。

そうした事を考えると、西南戦争も「乱」を用いても良いではないかと思うが、なぜか「役」であり、「戦争」なのである。

「乱」は、比較的小規模かつ、短期の反乱に付けられている。その一方で、「役」は大規模な戦争か長期戦が多い。それに、九州南部という辺境要素も加わって「西南の役」と呼称されてきたのかもしれない。

●西南戦争の実態

「西南戦争」に動員された政府軍は、陸軍約５万人、海軍約２０００人、艦船19隻である。

対する西郷軍の兵力は約３万人。政府軍は徴兵によって集められ、近代的装備を調えた農民が中心の軍隊だったが、西郷軍はもちろん士族を中心としていた。

※佐賀の乱
１８７４年、江藤新平と島義勇ら不平士族が佐賀にて挙兵した事件。新政府軍に敗れた江藤・島らは梟首された。

※神風連の乱
１８７６年、熊本で勃発した不平士族による反乱。太田黒伴雄らが結成した神風連が鎮台・県庁を襲撃するも敗北した。

※秋月の乱
１８７６年、福岡県秋月で起こった士族反乱。旧秋月藩士・宮崎車之助らが挙兵するも鎮台兵の奇襲にあい、敗退。

※萩の乱
１８７６年、前参議の前原一誠らが萩で起こした事件。反政府の旗を掲げて挙兵するも政府により鎮圧される。

そうした意味において、「西南戦争」は、前近代的な「役」ではなく、近代的な「戦争」であった。さらに、この戦いを、**これから始まる明治日本の対外戦争の前哨戦**と捉えることも可能だ。

「役」から「戦争」への名称変更は、以上のことが考慮されたのであろう。

西南戦争の内容自体も、昭和と平成では違いを見せている。

「西南戦争」最大の激戦となった「田原坂の戦い」の様子

昭和の『書きこみ教科書詳説日本史』には「1877年には、西郷隆盛を首領として、鹿児島県の私学校生※を中心とした士族が反乱をおこし、政府は約半年をついやしてようやくこれを鎮定することができた（西南戦争という）。この戦争をさかいに武力による士族の反乱はおさまった」と書かれている。

しかし、平成の教科書（『詳説日本史B』2012年度版）には「西郷隆盛を首領として、私学校生らの鹿児島士族を中心とした最大規模の士族反乱が発生した。九州各地の不平士族がこれに呼応したが、政府は約半年をついやしてすべて鎮圧した」と記され、さらに最新の教科書では「西郷隆盛を首領とする鹿児島県などの不平士

※私学校
征韓論争に敗れて鹿児島に帰った西郷隆盛が、1874年に設立した学校。鹿児島県下に130を越える分校を持っていた巨大組織であった。

族による最大の反乱」となっている。

鹿児島県士族の反乱から、より広い範囲の不平士族の反乱へと内容が移り変わっているのだ。研究が進むにつれ、「西南戦争」は、単なる鹿児島の士族反乱ではなく、各地の反乱や農民一揆を巻き込んだ大規模なもの※であったことがわかってきた。

新しい西南戦争像が教科書に反映されたのである。

不思議なことに、「西南戦争」時の西郷は、総大将でありながら、この戦争に主体的な関わりを持とうとしていない。というのも、そもそも西郷は大規模な戦争を起こすつもりはなく、彼に私淑する桐野利秋《きりのとしあき》や篠原国幹《しのはらくにもと》らに押し切られる形で、政府を問い質すための軍を起こしたのだ。

西郷なくして、新政府の誕生はなかった。自分が作った政府を自分で壊しにいくのだから、さぞ気乗りしなかったことだろう。

さらに新政府の中心にいるのは、明治天皇であり、盟友の大久保利通である。戦えば西郷は朝敵となり、盟友とも命を懸けて争わなければならない。とてつもない重圧を受けながら、西郷はただ泰然と死に向かって突き進んだ。9月24日の明け方、鹿児島の城山で股と腹部に銃弾を受けた西郷は、正座して東方（皇居の方角）に遥拝した後、別府晋介《べっぷしんすけ》の介錯を受け、切腹して果てた。

享年51歳であった。

※大規模なもの
九州では1878年に一揆が多発しているし、西郷軍に呼応した不平士族の部隊も存在した。

【東学党と甲午農民戦争】

日清戦争 勃発の真相は？

歴史新常識 其の26

●民間信仰から蜂起に発展

1894年7月、日本は朝鮮をめぐって清国と対立し、ついに戦端を開く。「日清戦争」の勃発である。

開戦に至る経緯を、昭和の『書きこみ教科書詳説日本史』では「1894年に、**朝鮮で民族主義的な農民の反乱（東学党※の乱）がおこる**と、清国は朝鮮政府の要請をうけて出兵するとともに、天津条約にしたがってこれを日本に通知してきた。日本もこれに対抗して出兵したので反乱はまもなく鎮圧されたが、日清両国は朝鮮の内政改革をめぐって対立を深め、同年8月、日本は清国に宣戦を布告し、日清戦争がはじまった」と記している※。

最新の教科書では「**朝鮮で減税と排日を要求する農民反乱（甲午農民戦争、東学党の乱）がおこる**と、清国は朝鮮政府の要請を理由に出兵し、日本も清国から出兵の通知をうける

※東学党
崔済愚が1860年に結成した、宗教結社である。東学とは朝鮮伝統の儒教とも、西洋のキリスト教とも違う独自の宗教であり、非常に教義が単純であることから民衆の支持を集めていた。

※記している
東学党の乱・甲午農民戦争が両方記載されることもあったが、あくまで東学党の乱のほうがメインであった。

独自の教義で広い支持を集めた東学党の指導者を描いた絵画

と、対抗して出兵した」という記述※になっている。

農民蜂起の部分に、「東学党の反乱」の他に、「甲午農民戦争」が加わっているのである。

ささいな変更のようだが、これは「日清戦争」勃発の要因と深く関わっている。

農民蜂起は、1894年2月15日、朝鮮南部（全羅道古阜郡）で起こった。約1000人の農民が、下級役人の全琫準※に率いられて、地元の郡衙（役所）を襲撃したのだ。全琫準は、新興宗教の東学に入信していた。

東学は、1860年、慶州出身の崔済愚《さいせいぐ》によって創始された民間信仰だ。

李王朝から弾圧を受けるも、第二代教祖・崔時亨《さいじこう》の時に、布教に力を注ぎ、三南地方（慶尚道・忠清道・全羅道）、さらに江原道、京畿道、黄海道南部まで信徒を得ることができた。

信者の多くは農民や没落した官僚・両班《りょうはん》だったという。東学は、国家と民衆の安全のために、西洋列強の排斥を主張した。また、人間は平等であるとした。暴力を否定した点も先進的であったが、厳格な身分制社会を揺るがす思想は政府には受け入れられず、初代教

※記述
甲午農民戦争の文字は黒字で強調されている。

※全琫準
（ぜんほうじゅん）

（1854〜1895）

地方官僚の暴政に対して決起した農民軍を指導。東学党の乱を引き起こした。日本軍によって捕えられ、朝鮮政府によって処刑された。

祖は1864年に処刑されてしまった。

さて、昭和の教科書に「東学党の乱」と記されたのは、農民の蜂起に東学の関わりが濃厚とされたからだ。だが、現在は農民戦争という面が強調され「甲午農民戦争」との名称が使われるようになった。

東学の影響力は低かったとの見解が主流になったのだ。蜂起には、東学信者ばかりではなく、幅広い階層が参加していた。

一斉射撃を行う「日清戦争」での日本陸軍

単なる局地的な一揆・蜂起ではなく「戦争」の要素も持っていたから、「西南戦争」と同じく、「甲午農民戦争」という名称になったのである。日本はこの事態に介入するわけだが、「乱」ではなく「戦争」であることがはっきりしたことによって、**「在留邦人保護※」という行動の正当性は、やや増した**といえよう。

●陸奥宗光の策謀

朝鮮王朝政府は、反乱を独力で鎮圧することはできず、清国に出兵を要請することになる。

それに伴って、日本も出兵。エスカレートした事態に

※在留邦人保護
近代の歴史を見ると、「海外の邦人を保護する」という名目で混乱している国に軍を出すのは完全に戦争の前触れとなっている。

対清強硬派で知られた外相・陸奥宗光

驚いた朝鮮政府は、東学農民軍と和解する。そうすれば、日清双方の出兵理由を打ち消せると考えたのだ。

朝鮮政府は、日清両軍の撤兵を求めたが、なんと両軍はこれを拒絶する。

当時の日本の外務大臣・陸奥宗光※は「いかなる手段を取ってでも（清国との）開戦の口実を作るべし」との考えであったし、「外交にありては被動者（受け身）たるの地位を取り、軍事にありては常に機先を制せむ」とその著書『蹇蹇《けんけん》録《ろく》』に記すほどの策謀家であった。

もっとも、国家元首たる明治天皇は「今度の戦争は大臣の戦争であり、朕の戦争ではない」と不快感を表し、開戦には反対であった。しかし日本はソウルを占領して朝鮮王朝を圧迫、天皇の想いも虚しく、開戦へと突き進んでいく。

1894年7月25日早朝、日本の連合艦隊が豊島沖で清国の巡洋艦と遭遇、交戦したことで「日清戦争」が始まった。

陸軍は牙山、平壌で勝利し、「黄海海戦」を制した海軍と連携して「難攻不落の要塞」と呼ばれていた旅順を陥落させることにも成功する。充分な訓練を受け、士気も旺盛だっ

※陸奥宗光
（むつ　むねみつ）
（1844～1897）
坂本龍馬の「海援隊」のメンバーとして尊王攘夷運動に奔走。第二次伊藤博文内閣では外務大臣を務め、日本の念願だった列強との間の不平等条約の改正を成し遂げた。

た日本軍に比べ、清軍は近代化されておらず、士気も低かったのだ。

さらに清国の海軍の主力である北洋艦隊※を威海衛《いかいえい》で全滅させ、日本が軍を天津、北京へ向ける動きを見せると、清は慌てて講和に応じることとなった。

翌年4月、下関で「日清講和条約」が調印され、戦争は終結した。

条約では「清国は朝鮮国が完全無欠なる独立自主の国であることを確認し、独立自主を損害するような朝鮮国から清国に対する貢・献上・典礼等は永遠に廃止する」、「清国は遼《りょう》東《とう》半島、台湾、澎《ほう》湖《こ》諸島など付属諸島嶼の主権ならびに該地方にある城塁、兵器製造所及び官有物を永遠に日本に割与する」、「清国は賠償金2億テールを日本に支払う」といった取り決めがなされた。

朝鮮半島の要衝・遼東半島を日本が押さえたことに危機感を抱いたのが、清国の利権をむさぼらんとする欧州列強、特にフランス、ドイツ、ロシアであった。この3国は、日本の遼東半島所有を極東の平和の妨げとなるとして、日本に半島領有の放棄を求める「三国干渉」を勧告する。

さらなる干渉を恐れた日本政府は、勧告を受諾するものの、世論は激しく反発。政府は、「臥薪嘗胆」※をスローガンにして、国民の怒りを、三国干渉を主導したロシアに向かわせた。

憎しみは憎しみを呼び、近代日本は、韓国・中国の領土や利権をめぐる戦争という、修羅の道に進んでいくのであった。

※北洋艦隊
1888年に編成された、中国清朝の艦隊。李鴻章が設立した。巨大戦艦「定遠」・「鎮遠」を揃えていたが、「黄海海戦」並びに「威海衛海戦」で壊滅した。

※臥薪嘗胆
復讐のために耐え忍ぶこと。

歴史新常識 其の27

【実際には何が書いてあるのか】

教育勅語は善か悪か？

● 〝諸悪の根源〟教育勅語？

「教育勅語」といっても、今時の若者は何のことだか分からないだろう。

一方、戦前生まれにとっては、「勅語の文章は、忘れようとしても忘れられないほど、繰り返し聞かされ、読まされ、さらに書かされた」と記憶を甦らせる人が多いはずだ。

戦前の教育界のみならず、**日本全体に悪影響を与えたとして、現代では否定的に語られることが多い**が、実際には何が書いてあったのだろうか？

教育勅語は正式には「教育ニ関スル勅語」という。勅語とは「天皇が直接、国民に対して発した意思表示」のことだ。1890年10月30日、明治天皇が山縣有朋※総理大臣と、芳《よし》川顕正《かわあきまさ》文部大臣に対して与えたもので、文中に「爾臣民《なんじしんみん》」とあるように、天皇が国民に向けて語りかけるスタイルとなっている。

※山縣有朋
（1838～1922）
陸軍軍人、政治家。長州藩に生まれ、高杉晋作が創設した奇兵隊に参加。そこで頭角を現し、明治維新後は政府に入り、陸軍第一軍司令官、陸軍参謀総長、内務大臣、内閣総理大臣などを歴任。軍部や政官界に幅広い人脈を築き、日本軍閥の祖と呼ばれた。

ではなぜ、国民に教育に関する御意思を示す必要があったのだろうか。

●歴史を軽視する日本人

時はまさに、文明開化の時代である。

「欧米列強に追いつき、追い抜くため、西洋文明をどんどん吸収しなければ」という意気が国全体にみなぎっていた。感心なことだが、何事も度が過ぎれば弊害を招く。

教育現場も例外ではなく、「英語さえ教えればそれで良い」というような風潮が蔓延しており、日本の歴史や伝統文化はないがしろにされていた。

明治時代に日本に招かれていた「お雇い外国人」のひとりでドイツ人のエルヴィン・フォン・ベルツ※は、日記のなかでこう記している。

エルヴィン・フォン・ベルツ

> 不思議なことに、今の日本人は自分自身の過去についてはなにも知りたくないのだ。それどころか、教養人たちはそれを恥じてさえいる。「いや、なにもかもすべて野蛮でした」、「われわれには歴史はありません。われわれの歴史は今、始まるのです」という日本人さえいる。このよう

※エルヴィン・ベルツ（1849〜1913）
ドイツ人の内科医。東京大学で教育・研究・診療に従事する。のちに宮内省御用掛。お雇い外国人としての滞在は27年に及び、その功績から旭日大綬章を受章。「蒙古斑」の名付け親である。

文化の激変を憂いていた明治天皇

な現象は急激な変化に対する反動から来ることはわかるが、大変不快なものである。

日本人たちがこのように自国固有の文化を軽視すれば、かえって外国人の信頼を得ることにはならない。なにより、今の日本に必要なのはまず日本文化の所産のすべての貴重なものを検討し、これを現在と将来の要求に、ことさらゆっくりと慎重に適応させることなのだ。

外国人を不快にさせるほどの自己否定を、日本のインテリたちは行っていたのだ。

明治天皇もこうした風潮を地方へのご巡幸※を通して、感じとっていた。ある日、天皇が学校の授業を観覧された時のこと。授業では生徒に英語でスピーチをさせていたが、明治天皇が生徒に「その英語は日本語で何というのですか」と問いかけると、生徒は日本語に直すことができなかったという。

詳細は不明だが、明治天皇はその他にも、似たような事例を見聞したのかもしれない。

明治天皇は次第に「知識を世界に求めるのは良いが、知識のみを重んじ、西洋化を競うような状態になっている。日本人が拠って立つべき、道徳の根本が廃れてしまうのではな

※ご巡幸
明治天皇の地方巡幸の多さは目を見張るものがある。なかでも、「六大巡幸」といって、6回に分けて北は北海道、南は九州までくまなく赴いた巡幸が有名。

いか」との危機感を抱くようになる。

府県長官の会議である地方官会議でも、「現行の学制では、技術知識のみを進歩させることに努め、徳育（道徳）教育を欠いている。小学校で学ぶ子弟のなかには、知識を誇り父兄を軽蔑し、教師に反抗する者も出ている」、「道徳心の育成も重視すべきだ」との声が強くなる。

明治天皇は「徳育に関する言葉を編纂して、それを子供たちに教えたらどうか」と、山縣総理らに伝達。天皇や政府の一存ではなく、国と地方の声が融合して教育勅語が誕生したといえよう。

教育勅語を起草した井上毅

●是か非か？　教育勅語

教育勅語の起草者は、内閣法制局長官・井上毅※が担当することになった。井上は、伊藤博文にも重用され、「大日本帝国憲法」や「皇室典範」、「軍人勅諭」の起草にも参加している。

彼は政府が権力を背景に、勅語を押しつけることに反対であり、なるべく不偏不党であろうとした。

まず「勅語には天や神という言葉を避けなけれ

※井上毅（こわし）（1843〜1895）
明治時代の政治家。元熊本藩士。大久保利通や伊藤博文の懐刀として活躍し、大日本帝国憲法や教育勅語、軍人勅諭の起草に参画した。名前の雰囲気から、同時代の政治家・井上馨の血縁だと勘違いされているが、両者の間にはなんの繋がりもない。

ばならない」と考えた。天皇の名で「天や神を敬え」と言えば、仏教徒を差別するに等しく、いたずらに宗教対立を煽ると想像をめぐらせたのだ。さらに「勅語には政治上の臭味を避けるべき」とした。政治上の争いに天皇を巻き込むまいとしたのである。

「儒学や西洋思想の内容に勅語が踏み込むこともよろしくない」との想いも抱いていた。教育勅語に対する批判として「儒教精神を体現したものだ」という意見もある。が、井上は、東洋や西洋、キリスト教や仏教・神道の枠を越えた人間としての在り方を示そうとしたのだ。

井上の熟慮の末に出来上がった勅語には何が書いてあるのか。

一部を現代語訳すると「親に孝養を尽くしましょう」、「兄弟・姉妹は仲良くしましょう」「夫婦は互いに分を守り仲睦まじくしましょう」、「友だちはお互いに信じ合いましょう」、「自分の言動を慎みましょう」、「広く全ての人に慈愛の手を差し伸べましょう」、「広く世の人々や社会のためになる仕事に励みましょう」ということが書いてある。

どこの国に生まれ落ちても、十分通用する人としての在り方を説いているのだ。

さらに重要なのは、国民とともに天皇自らも、徳目を守りたいと誓っていること。

ついに国民の目に触れた教育勅語だったが、直後の1891年には、早くもトラブルの火種となる。「内村鑑三※不敬事件」である。教育勅語奉読式において、当時、第一高等中学校教員だったキリスト教思想家・内村鑑三が、天皇宸筆《しんぴつ》の御名に対して最敬礼を行わな

※内村鑑三
（1861〜1930）
江戸に生まれる。札幌農学校入学後、ウィリアム・スミス・クラークの感化で受洗。卒業後、渡米して大学で学ぶ。著書に『余は如何にして基督（キリスト）信徒となりし乎』、『基督信徒の慰』など。

かったことが、同僚教師や生徒によって非難され、依願退職に追い込まれた事件だ。

時が経つにつれ、教育勅語は国民教育の基盤として神聖視※され、前半の普遍的な徳目ではなく、最後に掲載されている「一旦緩急アレハ義勇公ニ奉シ以テ天壌無窮ノ皇運ヲ扶翼スヘシ」つまり、「国に危機が迫れば国のため力を尽くし、永遠の皇国を支えましょう」、という部分が強調されるようになる。これは井上の想いとは、真逆の方向であろう。

戦後、日本を占領したＧＨＱは、教育勅語が神聖視されているのは問題だとして、朗読しないよう通達した。そして、１９４８年、教育勅語は、衆参両院において排除・失効が確認された。

教育勅語について、最新の教科書は**「教育勅語が発布され、忠君愛国の道徳が強調された」**と書いてある。「国家主義的な風潮」、「国家主義的教育が徹底」との文脈で語られているので、好評価ではない。

一方、保守的な『新しい歴史教科書』（扶桑社）においては「父母への孝行や、非常時には国のために尽くす姿勢、近代国家の国民としての心得を説いた教えで（中略）近代日本人の人格の背骨をなすものとなった」と高評価だ。

このように、教育勅語は今なお、**何を見出すかによって評価が割れている**のである。

※神聖視
〝最後の元老（明治の元勲）〟である西園寺公望は文部大臣時代、教育勅語があまりにも国家主義に偏っているとして、「第二教育勅語」を起草したものの大臣退任により実現することはなかった。

歴史新常識 其の28

【空前の大殺戮はあったのか？】
南京大虐殺と教科書誤報事件

●残された数々の〝証拠〟

これから紹介するのは、おぞましい**「戦争の記録**※**」**である。

「一般市民の殺害が拡大された。警官と消防夫がとくに狙われた。犠牲者の多くは銃剣で刺殺された」、「日本軍の略奪は市全体の略奪といってもよいほどだった。建物はほとんど軒並みに日本兵に押し入られ、それもしばしば将校の見ている前でおこなわれていたし、日本兵はしばしば中国人に略奪品を運ぶことを強制した」、「多数の中国人が、妻や娘が誘拐されて強姦された、と外国人たちに報告した。これらの中国人は助けを求めたが、外国人は助けようにも無力であった」、「多数の捕虜が日本軍によって処刑された。安全区に収容された中国兵の大部分が集団銃殺された」。

これらは、「日中戦争」中の1937年12月17日、「ニューヨーク・タイムズ」記者のティ

※戦争の記録
「南京事件」に関する写真や目撃証言は、捏造や虚言が飛び交い、今もなお真贋論争が続いている。

ルマン・ダーディンによって書かれたもので、中国・南京を占領した**日本軍が大量の民間人を虐殺した**とする、あの「南京大虐殺」を世界に告げた第一報といわれている。

しかし、この報道は、欧米人の関心が薄いアジアの片隅の出来事であり、日本海軍機の誤爆事件「パネー号事件※」と重なったこともあって、大きな反響はなかった。南京事件の続報もしばらく途絶えた。

多くのジャーナリストが南京から引き揚げたことが、主な理由であった。

しかし、中国人難民を世話するため、南京に踏み止まって尽力した牧師や篤志家がいた。YMCA（キリスト教青年会）書記長のアメリカ人、フィッチもその一人である。

フィッチは「9週間の間、昼も夜も日本軍の暴行は続いた。とくに最初の2週間がひどかった」との証言を残し、それが『サウス・チャイナ・モーニング・ポスト』誌上に掲載されることになる。

こうした断片的な情報を収集し、『戦争とはなにか――中国における日本軍の暴虐』を書き上げたのが、オーストラリア出身のジャーナリスト、ハロルド・J・ティンパーリーであった。

彼は、1928年からイギリスの大新聞「マン

南京攻略戦を指揮した松井石根陸軍大将

※パネー号事件
1937年12月12日、日本海軍機の誤爆により、米国アジア艦隊揚子江警備船が揚子江上で沈んだ事件。

日本を情報戦に嵌めた蒋介石

チェスター・ガーディアン」の中国特派員として活動をはじめている。ここまでなら歴史の闇に光を当てた報道人の鑑だが、彼は単なるジャーナリストではなかった。

実は中国の国民党・蒋介石※政権の情報部に勤務した「宣伝工作員」だったのだ。

ティンパーリーは、南京の国際安全区委員会が「犠牲者数は4万人前後」と伝えていたにもかかわらず「華中※の戦闘だけで中国軍の死傷者は少なくとも30万人を数え、ほぼ同数の民間人の死傷者が発生した」と、出所や根拠が不明のまま、著書に書いている。

なぜ30万人なのか。これは、１９３７年12月に、蒋介石が「抗日戦争開始以来の全軍の死傷者は30万人に達した」と発表した数字を、ティンパーリーがそのまま使ったものと考えられている。

ティンパーリーと同じように国民党の手先となり、重慶の国民党国際宣伝処に勤務していたアメリカ人セオドア・ホワイトは、「当時の重慶ではアメリカの言論界に対し嘘をつくこと、騙すこと、中国と合衆国は共に日本に対抗していくのだとアメリカに納得させるためなら、どんなことをしてもいい、それは必要なことだと考えられていた」と回顧して

※蒋介石
（１８８７〜１９７５）
中国の政治家。国民党政府最高指導者、のち中華民国総統。抗日作戦は成功したものの、毛沢東との国共内戦に敗れ台湾に退いた。

※華中の戦闘
上海から南京戦のこと。

当時撮影された南京市民。虐殺があったようには見えない

いる。このように、日本を「民主主義の敵」に貶め、アメリカと国民党を共闘に繋げることが彼らの任務であった。つまり「30万人虐殺」というのは、悪意と謀略から生まれた誇大広告だと、はっきりしているのだ。

30万人という数字は一人歩きし、現代においても中国共産党政府、南京大虐殺紀念館、台北市の国軍歴史文物館は「30万人以上が虐殺された」と主張している。加害者とされた戦後日本においては、実に様々な見解が出された。「10万人以上もしくは20万人が殺された」という人もいれば、3万〜4万、果ては、数千〜2万、虐殺は一切なかった※という説まである。

筆者は、日本軍が完全無欠だったとは考えない。数千から数万規模での中国軍捕虜を中心とする殺害はあったと考えている。しかし、その一方で、前著『教科書には載っていない 大日本帝国の情報戦』（彩図社）でも指摘したが、南京では混乱の中で当の国民党軍による一般市民の虐殺も発生しているのである。

こうした戦場の実像も総合して考えないことには、南京攻略戦の真相は見えてこないと指摘しておこう。

※虐殺は一切なかった　南京の日本大使館で働いていた外交官補の福田篤泰は、虐殺について「日本軍に悪いところがあったことも事実である。しかし20万、30万の虐殺はおろか千単位の虐殺も絶対にない。（中略）いわば衆人環視の中である。そんなこと（虐殺）などしたら、それこそ大問題だ。絶対にウソである。宣伝謀略である」と強く否定している。

南京占領のわずか７日後、南京市民と楽しく会話する日本兵ら

●教科書誤報事件と文部省

「南京事件」といえば、歴史教科書に関して触れておかなければいけない事件がある。１９８２年の「教科書誤報事件」である。

日本テレビ記者の取材ミス※で、各報道社が「81年度検定によって、**高校の社会科教科書の日中戦争における日本の『侵略』という表現が『進出』に書き換えられた**」と報じたのだ。

そのような書き換えはなかったにも関わらず、である。誤報はすぐに訂正されず放置された。隙をつくように、中国や韓国が騒ぎ始め、中国政府などは、小川平二文部大臣の訪中拒否を通告するという強硬姿勢を見せる。

中韓両政府の猛抗議を受けて、8月26日、日本政府の宮澤喜一官房長官が談話を発表する。それは「政府の責任において（教科書の記述を）是正する」、「検定基準を改め、前記の趣旨（アジアの近隣諸国との友好・親善）が十分実現するよう配慮する」という、あきれ果てた内容であった。

つまり、文科省の教科書検定基準に「近隣のアジア諸国との間の近現代の歴史的事象の

※取材ミス
なぜ、日本テレビ一社のミスが、検証されることなく広がったのか。それは、当時の文部省記者クラブの慣例として、手間のかかる教科書取材については「各社分担・持ち寄り制」という慣行が存在し、検証機能がなかったからである。

扱いに国際理解と国際協調の見地から必要な配慮がされていること」という枠を自ら嵌めてしまったのだ。そして、侵略の表現や南京事件、沖縄戦、朝鮮半島の三・一独立運動、強制連行に関しては、検定意見を付けない方針を示した。

するとどうなったか。83年度検定から、南京事件を取り上げた教科書が、中学では7社全部、高校では5社のなかで4社と増え、事件の被害者数も10万、20万、30万人とうなぎ上りという状態になった。

文部省から示された「具体的事項についての検定方針」において「南京事件」は「原則としては、同事件が混乱の中で発生した旨の記述を求める検定意見を付さない。死傷者数を記述する場合には、史料によって著しい差があることに配慮した記述をし、その出所や出典を明示することを求める検定意見を付す」とされた。つまり、**「南京事件の犠牲者数については、出所・出典を示せば、それが不確かなものであっても、検定を通す※」**ということだ。中国共産党政府が主張する〝30万人虐殺説〟を、日本も肯定しているととられかねない対応である。当時の日本政府の姿勢は、弱腰外交がどのような結果を生むのか、良い教訓を我々に与えてくれる。

前述したような検証が進んだ現在※は、さすがに**「首都南京を占領した。その際、日本軍は非戦闘員をふくむ多数の中国人を殺害した」**と記載するにとどめている。

※検定を通す
検定において、文部省の検定方針案が活用されたと言われている。中国側が主張する数字が教科書に書かれ、文部省の検定をパスしている。

※検証が進んだ現在
具体的な被害者数を挙げている教科書はもうほとんど存在しない。

【書き換えられた教科書】

従軍慰安婦と日本人

歴史新常識 其の29

●土下座外交の末に

1992年1月11日、「朝日新聞」の朝刊に驚くべき記事が掲載された。

「日中戦争や太平洋戦争中、**日本軍が慰安所の設置や、従軍慰安婦※の募集を監督、統制していた**ことを示す通達類や陣中日誌が、防衛庁の防衛研究所図書館に所蔵されていることが10日、明らかになった」と報じたのだ。

同記事は、日本政府は国会答弁のなかで、「朝鮮人慰安婦は民間業者が連れて歩いていた」と繰り返し、国の関与を認めてこなかったと書いているが、慰安婦と軍の関係は以前より、特に**歴史学者の間では知られた事実**だった。

新発見であるかのように書いている防研図書館の「陸支密大日記」慰安婦関係書類は、この30年前から公開されているし、慰安所を利用した軍人の手記も多く、軍が関与してい

※慰安婦
戦地の軍人を相手として、売春をする施設である慰安所で、売春行為に従事した、もしくはさせられた女性たちのこと。

たのは一目瞭然であった。

それがなぜ、今さら、仰々しく紙面を賑わしたのか。その答えは「1月11日」という日付に潜んでいる。宮澤喜一※首相の韓国訪問が、同月16日という目前に迫っていたのだ。首相訪韓のタイミングに合わせるように〝爆弾記事〟を掲載したのである。

「朝日新聞」は反響も記事にしている。

朝日新聞　1992年(平成4年)1月11日　土曜日

朝日新聞

慰安所 軍関与示す資料

防衛庁図書館に旧日本軍の通

部隊に設置指

募集含め統制

「民間任せ」政府見解揺ら

従軍慰安婦問題を多く報じた「朝日新聞」朝刊

11日夕刊には「11日朝から、韓国内のテレビやラジオなどでも朝日新聞を引用した形で詳しく報道され、李相玉外相は11日、韓国記者らに対し、『韓日首脳会談では元従軍慰安婦問題に関する日本側の適切な立場表明があると考えている』」とあるように、日韓の間に波乱を巻き起こした。

「朝日新聞を引用した形で」との記述に、記者たちの会心の笑みが目に浮かぶようだ。「朝日新聞」の攻勢に、日本政府の高官はどう反応したのか。

渡辺美智雄※外相は「50年以上前の話で、はっきりした証拠はないが、何らかの関与があったということは認めざるを得ないと思う」とテレビ番組で語った。

※宮澤喜一
（1919〜2007）
東京生まれの政治家。選挙区は広島。東京帝国大学法学部を卒業後、大蔵省に入省。戦後、池田勇人（大蔵大臣）の秘書官に就任。その後、衆議院議員として産相・外相・蔵相を歴任。1991年、首相となる。

※渡辺美智雄
（1923〜1995）
千葉県出身の政治家。東京商科大学（一橋大学）卒業。読売新聞記者を経て、衆議院議員となる。副総理・蔵相・外相を歴任。長男は、みんなの党代表であった渡辺喜美。

日本の英字新聞「ジャパンタイムズ※」は、外相発言を紹介したうえで「この発言は、政府の責任者が日本軍によって第二次大戦中に何十万人ものアジア人慰安婦に対する強制売春に加担したことを、初めて認めたもの」という、飛躍した文章を載せた。

「何十万人」、「強制売春」とは誰も言っていないのに、ご丁寧に解説文を付けたのだ。過熱する報道を前に、日本のトップ・宮澤首相は「軍の関与を認め、おわびしたい」と、早々に白旗をあげた。

　訪韓してからの宮澤首相は首脳会談や演説で「謝罪」を繰り返し、「真相究明」を約した後に帰国した。「毎日新聞」ソウル支局の特派員は「宮澤首相が青瓦台（大統領官邸）の記者会見場で、卑屈な表情を浮かべている姿が記憶に生々しい」と後にレポートしている。宮澤氏は、首脳会談のなかで、8回も謝罪と反省を繰り返した。

　その対応は、現在も続く従軍慰安婦問題に大きな禍根を残すことになる。

●教科書と従軍慰安婦

「はっきりした証拠はない」のに、いとも簡単に謝罪した政治家たち。

　韓国で従軍慰安婦といえば、奴隷狩りさながらのイメージを持たれている。日本軍が奴隷狩りを行い、多くの朝鮮人女性を無理やり拉致して慰安婦にしたというのだ。

　その根拠となっていたのが、吉田清治※という日本人が著した著書『私の戦争犯罪』や講

※ジャパンタイムズ
日本最古の英字新聞。ルーツは幕末まで遡る。日本人と外国人の相互理解を進めるため、伊藤博文の秘書官だった頭本元貞が中心になって創刊した新聞。

※吉田清治
（1913～2000）
福岡出身とされる文筆家。太平洋戦争中、軍の命令で、朝鮮人女性を強制連行したと告白し、話題となる。しかし、この告白は、のちに吉田自身が創作したものと認めた。著書に『私の戦争犯罪――朝鮮人強制連行』。

演である。吉田は1943年5月、9人の部下を連れて、済州島で慰安婦狩りを行ったと証言するが、現地住民の聴き取りによって「男子の徴用はあったが、慰安婦狩りはなかった」ことが明らかになっている※。

つまり、吉田はウソをついていた。

が、この吉田を「朝日新聞」が持ち上げ、90年代の初め頃から何度も紙面に登場させる。記者たちは、「吉田証言」を検証することなく頭から信用していたようで、彼の著書は、韓国語にも訳され、国連の報告書にも引用され、日本バッシングの要となっていくのだ。

それは日本の歴史教科書にも変化をもたらした。

1993年、**慰安婦問題が教科書に登場した**のである。93・94年の高校教科書23種のうち、実に22種が問題を取り上げており、「吉田証言」が崩された今も、表現は変わっているものの、**多くの教科書で慰安婦に関する記述が残っている。**

文科省の初等中等教育局長・御手洗康は掲載の経緯について、「当時、元慰安婦たちが集団訴訟を起こし、それをマスコミが取り上げるなど、社会的な関心が高まったこと」とともに、「軍の関与を認めた『河野談話』によって、慰安婦関係の事実関係について政府としての見解が出されたこと」が大きいと国会で述べている。

いち個人の虚言と、いちマスコミの運動によって教科書が書き換えられてしまったことを忘れてはならない。

※明らかになっている
当時、拓殖大学政経学部教授だった秦郁彦が現地に赴き、徴用がなかったことを証明した。

歴史新常識 其の30

在日強制連行の真実

【来たのか連れてこられたのか？】

●各所に登場する強制連行

最新の教科書には今も次のような記述が掲載されている。

「朝鮮人や占領下の中国人は、日本に連行されて労働を強制された」と。

そして、お馴染みの昭和の『書きこみ　教科書詳説日本史』にも**「多数の朝鮮人や占領下の中国人を日本に連行し、鉱山などで働かせた」**との文章が載っている。

１９９４年発行の、『社会学事典』の「在日韓国・朝鮮人」の項目には、「日本帝国主義の朝鮮植民地支配の結果、日本に移住ないし強制連行※されてきた者で解放後も住み続けることになった者とその子孫」と述べられているし、中学の公民の教科書（『中学社会　公民的分野』日本書籍）にも**「日本には、かつて日本が植民地とした朝鮮や台湾から、強制連行などで移住させられた多数の人々の子孫がいる」**と記載されている。

※強制連行
特に明確な定義がないため、人によって受け取り方が異なる。それも議論の混乱の原因になっているとの指摘もある。

　ここでは、いわゆる「朝鮮人強制連行」の話を取り上げるのであるが、今も昔も教科書から事典まで、朝鮮人は日本に強制的に連行され、その子孫が日本に住んでいるとの文脈で語られている。

　また「歴史上、日本は2回にわたって朝鮮人を強制的に日本へ連れてきた」と、豊臣秀吉の朝鮮出兵の際に捕虜や陶工※を日本に連行したことと、同一視して語る論者もいるほどだ。

朝鮮の管理を取り仕切った朝鮮総督府庁舎

　あくまで日本人は加害者であり、朝鮮の人々は被害者――そうした見方が蔓延し、異論を差し挟みにくい空気もある。本稿ではあえて、その空気に抗い「教科書の常識」に挑戦してみたい。

　まず、植民地時代に日本へ来た朝鮮人は、全て強制連行された人々だったのであろうか？

　この問題は、日本への移住者の証言によって、事実の一端が明らかになる。全てを紹介するのは不可能なので、一部の事例※を紹介しよう。

「16才の時に日本に渡ってきた。本国の生活は苦しく、日本でお金を儲けるつもりで来た」、「夫は一獲千金を夢みて、私より3年位先に日本に渡航しました」、「日本で

※陶工
朝鮮出兵に加わっていた鍋島直茂が佐賀県有田に陶工を大勢連れて帰ったことで有田焼が誕生した。

※事例
証言は鄭大均『在日・強制連行の神話』からの引用である。

金もうけしようという考えしかなかった」、「貧乏人やから、けんかばっかり、暮らしていけないからこっちに来た」といった具合だ。故郷の生活に絶望して日本にやって来た、いわば**ジャパニーズドリームを掴むために来日した人もたくさんいた**のだ。

●「強制連行」はなかったのか？

筆者の祖母もまた、証言者のひとりだ。若き日の祖母が通っていた学校に、朝鮮からやってきた少女がいた。その少女が祖母に次のように語ったという。「朝鮮で生活できない人は済州島に行く。済州島でも食べられなくなった人が日本に行く」と。強制連行どころか、生活の糧を求めて自発的に来日※していたのである。

もちろん、戦争が長期化すると、労働力不足解消のために、炭坑や建設現場といった過酷な環境に放り込まれ、重労働や差別的な待遇を強いられた哀れな人々もいる。

戦前であっても「子供であった為、丁稚奉公という形で就職し（中略）その時ちょっとしたことでなぐられた」、「仕事で指は血が出る位、帰って洗濯やそうじで指に穴があく位、その頃は日本人のかっこして、おさげ髪をして仕事をした」、「畑仕事ばかりで辛かった。（中略）ごはんも食べられなかった。お金もなかった。人がいない所へいっていつも泣いていた」という証言があるように、大変苦労された方がいるのも、事実である。

その一方で、日本人と朝鮮人の温かい交流を示すエピソードもある。

※自発的に来日
「大阪に兄が居たので頼ってきた」、「兄が日本に居て許可証をもらって日本に渡って来た」、「父を捜しに日本に渡ってきた」というように、親族を頼って来日するケースもあった。

「朝5時から夜9時まで働かされたが、他の者と同じ様に店の主人が優しくしてくれた」、「農家の人達はみんな親切で、仕事もそんなにつらくはありませんでした」、「主人にとてもよくしてもらった。娘のように（食べ物、着る物、洗濯）面倒を見てくれた」――。

親身になって、朝鮮の人々を世話※した日本人もたくさんいたのだ。

自民党の有力政治家で、幹事長も務めた野中広務は「かつてわが国が36年間、植民地支配した時代に、朝鮮半島から（強制）連行してきた人たちが、今70万人といわれる在日を構成している」と、かつて記者会見※で語ったが、事実誤認と言わざるを得ない。

「在日＝強制連行された人々」という主張が当てはまらないことは前述した通りだが、戦後においても、日本政府は占領軍の命令によって、引き揚げ船を準備し、運賃無料で朝鮮の人々を帰国させている。１９４６年の年末までに約１４０万人が故郷に帰っていった。

日本に残ることを希望した人もいて、その数は約60万人にのぼった。

以上の事実を考える時、冒頭で紹介した中学の公民教科書の記述「日本には、かつて日本が植民地とした朝鮮や台湾から、強制連行などで移住させられた多数の人々の子孫がいる」は、明らかに一面的である。

自らの判断で来日した人、故郷に帰らずに日本に残った人の人生が描かれていないからだ。このような記述はかえって誤解を招き、日韓関係にとって良くないだろう。**「自発的に来日した人もいる」**と一言加えるだけで、両国の関係に新たな地平が開けるはずだ。

※世話した
警官に「国のために働け」と言われて署長のところに行ったら「お前は警官になれ」と言われ、警官になったというユニークな事例も存在する。

※記者会見
２０００年9月20日の記者会見のこと。

歴史新常識 其の31

【勝者が敗者を裁く場】

東京裁判は何が問題なのか

●被告になった政府首脳たち

日本が「太平洋戦争※」に敗れ、連合国に無条件降伏した翌年の1946年5月3日、ウィリアム・ウェッブ裁判長は、東京裁判（極東国際軍事裁判）の開廷を次のように宣言した。

本日ここに集合するに先だち、当裁判所の各判事は法により、なにものをも恐れず、公正、かつ外より影響されることなく裁きをくだすことを誓った共同宣誓書に署名した。われわれは、責任がいかに重大であるかを十分認識している。今回起訴された当法廷に出頭している各被告は、過去十余年の間、日本の国運隆々としていた当時、指導者的立場をしめていたものばかり、元首相、外相、蔵相、参謀総長その他の日本政府部内の最高の地位にあった人々がふくまれている。

※太平洋戦争
「日中戦争」の長期化と、日本の南方進出などがきっかけとなって始まった、日本と連合国との戦争。日本軍は緒戦を優位に進めるものの、やがてアメリカの物量が上回る。広島・長崎への原子爆弾投下を経て、日本は無条件降伏した。

起訴されている罪状は世界平和に対し、戦争法規に対し、人道に対し、あるいはこれらの罪を犯すべく陰謀したことに対する罪などである。

「公正、かつ外より影響されることなく裁きをくだす」――。もし、この言葉通り、裁判が進み、終結していれば「東京裁判史観※」などという言葉は生まれなかったかもしれない。

極東国際軍事裁判の公判が開かれている法廷内の様子

しかし、裁判長は同じ開会宣言のなかで「被告たちはかつて、いかに重要な地位にあったにしても、それがために受ける待遇は、もっとも貧しい一日本兵、あるいは一朝鮮人番兵よりも良い待遇を受ける理由は見あたらない」と述べるなど、早くも公正どころか、〝日本憎し〟の感情が見え隠れしていた。

裁判に起訴された被告人は、東條英機※元首相をはじめとする日本の指導者28人だ。しかし、被告人の選定基準は曖昧で、連合国の利害や面子を反映したものだった。

例えば、ソ連の検察陣が元駐ソ大使・重光葵※と元関東軍司令官・梅津美治郎の被告人追加を要求すると、アメリカ検察陣は猛烈に反対する。

※東京裁判史観
東京裁判で下された判決の内容はすべて正しく、戦前・戦中の日本の行動はすべて悪とする見方。

※東條英機
（1884～1948）
東京出身の陸軍軍人・政治家。陸軍大学校卒業。陸軍次官・陸軍大臣を経て、首相に就任。「太平洋戦争」開戦時の首相である。

※重光葵
（1887～1957）
大分県生まれの外交官・政治家。東京帝大卒業。外務省に入省。東條内閣において外相を務める。敗戦直後、日本政府の全権として降伏文書に署名した。戦後、衆議院議員となり、外務大臣を務めた。

極東国際軍事裁判裁判長ウィリアム・ウェッブ

そこでソ連は、元首相・阿部信行※と元陸軍大将・真崎甚三郎※の2人を外す代わりに、重光・梅津を加える妥協案を提案、アメリカも受け入れるという一幕もあった。

裁判が始まっても〝勝者〟の無法は続く。

ソ連のゴルンスキー検事は冒頭陳述において「ソ連に対する日本の侵略」を立証するために、1904年の「日露戦争」まで持ち出してきたのだ。しかし、それは起訴状が言及する期間（1928〜1945）を超越したものだった。当然、弁護人からも異議が申し立てられたが、ウェッブ裁判長はソ連の立証を続けさせた。

ウェッブ裁判長は他にも、裁判長らしからぬ態度を見せている。日本側の弁護人であるベン・ブレイクニーが「原子爆弾は明らかにハーグ陸戦条約が禁止する兵器だ」と指弾した時である。ウェッブが「仮に原子爆弾の投下が戦争犯罪だと仮定しても、それが本裁判にどんな関係があるのか」と質問すると、弁護人は「報復の権利」を持ち出した。

発言を続行させれば、言論で負けると判断したのだろう。ウェッブは突然の「休憩」を宣言。再開後、「多数決により却下と決定した」と一方的に弁護人の意見を封殺してしまった。

※阿部信行
（1875〜1953）
石川県生まれの陸軍軍人・政治家。陸軍大将を経て、1939年に首相と外相を兼任。朝鮮総督・翼賛政治会総裁も務めた。

※真崎甚三郎
（1876〜1956）
佐賀県生まれの陸軍軍人。陸軍大将まで務めた。「二・二六事件」における青年将校との密接な関係が指摘され、事件後は起訴されたが無罪となった。

●日本だけが悪かったのか？

東京裁判は、一般市民に対する虐殺や暴行を指す「人道に対する罪」と、侵略戦争の計画・開始・遂行に対する「平和に対する罪」で被告人を裁いたものである。しかし、これらの犯罪概念は、1945年8月8日に制定されたものだった。「罪刑法定主義※」の原則に反する、新しい罪によって、被告人は裁かれたのだ。

ブレイクニー弁護人が指摘したように、「人道に対する罪」を掲げるならば、連合国による原子爆弾の投下や都市への大規模な無差別爆撃はどうなるのか。しかし、こうした連合国の〝犯罪行為〟は、裁判では言及されるだけで、一切、審理の対象にならなかった。

百歩譲って、戦後、連合国側が人道や平和に対して深く想いをいたし、侵略戦争を全く行わなかったというのなら、裁判の意義はあったのかもしれない。しかし、アメリカが「自由や人権」、「民主主義」を掲げながら、世界各地に戦禍をもたらしているのは周知の事実だ。

最新の歴史教科書は、東京裁判について「東京裁判がおこなわれ、平和と人道に対する罪をおかしたとして逮捕されたA級戦犯28人のうち、7人が絞首刑とされた」と淡々と事実を記すのみだ。

しかし、時を経て、裁判の不当性が明らかとなり、それが国民にも浸透しつつある今、筆者は**教育現場でも裁判の実態・背景について検証すること※が必要だ**と考えている。

※罪刑法定主義
いかなる行為が犯罪であるか、その犯罪にいかなる刑罰を加えるかは、あらかじめ法律によって定められていなければならないとする考え方のこと。

※検証すること
保守的な教科書『新しい歴史教科書』では「今日、この裁判については、国際法上の正当性を疑う見解もある」として、東京裁判を疑問視する記述がある。

おわりに

本項では「おわりに」に代わる番外編として、教科書が現代史をどのように扱っているかについて、触れておきたい。21世紀に入って最初の記述は、小泉純一郎首相から始まる。「21世紀に入り、自由民主党の小泉純一郎は、公明党と連立内閣を組織し、構造改革をすすめた。また2003（平成15）年にイラク攻撃がはじまると、有事法制の整備につとめ、翌年にはイラクの復興支援のために自衛隊を派遣した」とある。

また、小泉首相が精魂をかたむけた「郵政事業の民営化」についても述べられている。

しかし、その成果については「これは財政の健全化と景気浮揚策の一環であったが、福祉政策の後退と地方経済の疲弊をまねき、所得格差・地域格差を増大させる結果となった」とはっきり書くなど、否定的な評価を下している。

これについては、小泉本人や、同政権で総務大臣などを務めた竹中平蔵が「改革で格差が広がったことはない」と、真っ向から反論していることから、今後のさらなる調査・研究によっては格差に関する記述が変化するかもしれない。

小泉辞任後の自民党の歴代首相について教科書は「総理大臣がめまぐるしく交代した」

と書くのみで、名前も記さず素通りしている。

次に特筆すべきは、自民党から民主党への政権交代であるが、「2009（平成21）年8月の総選挙で自由民主党は敗れ、民主党の鳩山由紀夫が組閣した」と記述されるも、「政局は安定せず」と切り捨てている。新政権の体たらくと、国民の政治不信を象徴するような書かれ方である。教科書に記された最後の事件は、やはり「東日本大震災」である。「2011（平成23）年3月11日におこった東日本大震災では、大規模な津波が発生し、東北地方を中心とする太平洋岸一帯に深刻な被害をもたらした。とくに福島第一原子力発電所の爆発事故にともなう放射能被害は、今後の日本社会全体のあり方を問い直すという大きな課題をつきつけることになった。このような状況のもと、21世紀を生きる私たちは、国内問題の解決とともに、世界の平和と繁栄への協力を推進していかなければならない」――以上の記述で教科書は締めくくられている。

これらの出来事は、私たちにとっては昨日のことのように感じられるものばかりだが、時とともに「歴史」となって語り継がれていく。その過程できっと、本書で見てきたような新発見・新解釈が誕生し、私たちも驚くような「歴史常識」として教科書に刻まれるのだ。

その可変性こそが歴史の怖さでもあり、魅力でもあると思うのである。

2016年7月　濱田浩一郎

主要参考引用文献（順不同）

山本英二『慶安の触書は出されたか』（山川出版社、二〇〇二）、山本英二『慶安御触書成立試論』（日本エディタースクール出版部、一九九九）、塚本学『生類をめぐる政治――元禄のフォークロア』（講談社、二〇一三）、根崎光男「生類憐み政策の成立に関する一考察――近世日本の動物保護思想との関連で」『人間環境論集』（法政大学、二〇〇五）所収、大山誠一『聖徳太子と日本人』（角川書店、二〇〇五）、保坂智『百姓一揆とその作法』（吉川弘文館、二〇〇二）、平山優『検証 長篠合戦』（吉川弘文館、二〇一四）、野口武彦『慶喜のカリスマ』（講談社、二〇一三）、田中英道『聖徳太子虚構説を排す』（ＰＨＰ研究所、二〇〇四）、片桐一男『それでも江戸は鎖国だったのか』（吉川弘文館、二〇〇八）、黒田日出男『源頼朝の真像』（角川書店、二〇一一）、永積洋子編集『「鎖国」を見直す』（国際文化交流推進協会、一九九九）、樋口知志『阿弖流為』（ミネルヴァ書房、二〇一三）、田中健夫『倭寇――海の歴史』（講談社、二〇一二）、河内祥輔『頼朝がひらいた中世』（筑摩書房、二〇一三）、野呂肖生・増淵徹『書きこみ教科書詳説日本史』（山川出版社、一九八八）、文部省検定済教科書『日本史B　高校日本史』（山川出版社、二〇一四）、「日本人の歴史教科書」編集委員会編集『日本人の歴史教科書』（自由社、二〇〇九）、尾藤正英『新選日本史B』（東京書籍、二〇〇八）、『新訂新しい社会（歴史）』（東京書籍、一九七二）、『新編新しい社会（歴史）』（東京書籍、二〇〇六）、『詳説日本史　改訂版』（山川出版社、二〇一二年）、『詳説日本史』（山川出版社、一九六六）、中村文雄編纂『高校日本史教科書――検定教科書18冊を比較・検討する』（三一書房、一九八七）、荒木肇『あなたの習った日本史はもう古い！』（並木書房、二〇一三）、歴史教育者協議会編集『日本史・歴史教科書の争点 50問50答』（国土社、二〇〇三）、村尾次郎監修『新編日本史のすべて』（原書房、一九八七）、河合敦『こんなに変わった！「日本史」偉人たちの評判』（講談社、二〇〇八）、「歴史ミステリー」倶楽部『書き替えられた日本史』（三笠書房、二〇一四）、山本博文ほか『こんなに変わった歴史教科書』（新潮社、二〇一一）、河合敦『教科書から消えた日本史』（光文社、二〇〇八）、河合敦『なぜ偉人たちは教科書から消えたのか』(光文社、二〇〇九)、河合敦『昭和の教科書とこんなに違う 驚きの日本史講座』(祥伝社、二〇〇九)、『社会科 中学生の公民 よりよい社会をめざして』(帝国書院、二〇一二)、直木孝次郎『神話と歴史』(吉川弘文館、二〇〇六)、藤原宏志『稲作の起源を探る』(岩波書店、一九九八)、岡本健一『邪馬台国論争』(講談社、一九九五)、安本美典『卑弥呼の謎』(講談社、一九八八)、米倉迪夫『源頼朝像』(平凡社、二〇〇六)、新井孝重『蒙古襲来』(吉川弘文館、二〇〇七)、藤木久志『刀狩り』(岩波書店、二〇〇五)、濱田浩一郎『日本人はこうして戦争をしてきた』(青林堂、二〇一二)、濱田浩一郎『教科書には載っていない 大日本帝国の情報戦』(彩図社、二〇一四)、中野等『文禄・慶長の役』(吉川弘文館、二〇〇八)、田中英道『支倉常長』(ミネルヴァ書房、二〇〇七)、斎藤洋一・大石慎三郎『身分差別社会の真実』(講談社、一九九五)、市村佑一・大石慎三郎『鎖国』(講談社、一九九五)、辻善之助『田沼時代』(岩波書店、一九八〇)、鈴木由紀子『開国前夜――田沼時代の輝き』(新潮社、二〇一〇)、稲田雅洋『自由民権運動の系譜』(吉川弘文館、二〇〇九)、田村安興『ナショナリズムと自由民権』(清文堂、二〇〇四)、後藤靖『自由民権』(中央公論社、一九七二)、伊藤哲夫『教育勅語の真実』(致知出版社、二〇一一)、山住正己『教育勅語』(朝日新聞社出版局、一九八〇)、倉山満『逆にしたらよくわかる教育勅語』(ハート出版、二〇一四)、石川水穂『教科書問題の発端 世紀の大誤報の真実』(『正論』二〇〇一・六、産経新聞社)、秦郁彦『南京事件』(中央公論新社、二〇〇七)、北村稔『「南京事件」の探究』(文藝春秋社、二〇〇一)、秦郁彦『慰安婦と戦場の性』(新潮社、一九九九)、大沼保昭『「慰安婦」問題とは何だったのか』(中央公論新社、二〇〇七)、鄭大均『在日・強制連行の神話』(文藝春秋社、二〇〇四)、杉原達『中国人強制連行』(岩波書店、二〇〇二)、児島襄『東京裁判』上下(中央公論社、一九七一)、平塚柾緒・太平洋戦争研究会『東京裁判の全貌』(河出書房新社、二〇〇五)、田中正明『パール判事の日本無罪論』(小学館、二〇〇一)、渡部昇一『「東京裁判」を裁判する』(致知出版社、二〇〇七)

彩図社の好評既刊本

幕末の大誤解

熊谷充晃 著

ISBN978-4-88392-898-9

定価：本体 1200 円 + 税

若き志士たちが新しい世のため、血と汗を流して奔走し、ふたつの勢力が国の形をめぐって全国を舞台に壮絶な戦いを繰り広げた時代――幕末。日本人が小説にドラマ、映画と「物語」を語り継ぐ中で生まれた数々の「誤解」を痛快に暴く！

著者略歴
濱田浩一郎（はまだ・こういちろう）
1983年生まれ、兵庫県相生市出身。歴史学者、作家、評論家。皇學館大学大学院文学研究科博士後期課程単位取得満期退学。兵庫県立大学内播磨学研究所研究員・姫路日ノ本短期大学非常勤講師・姫路獨協大学講師を歴任。現在、大阪観光大学観光学研究所客員研究員。現代社会の諸問題に歴史学を援用し迫り、解決策を提示する新進気鋭の研究者。著書に『播磨　赤松一族』（新人物往来社）、『あの名将たちの狂気の謎』（中経の文庫）、『日本史に学ぶリストラ回避術』（北辰堂出版）、『日本人のための安全保障入門』（三恵社）、『歴史は人生を教えてくれる——15歳の君へ』（桜の花出版）、『超口語訳　方丈記』（東京書籍）、『日本人はこうして戦争をしてきた』（青林堂）、『超訳　橋下徹の言葉』（日新報道）、『教科書には載っていない 大日本帝国の情報戦』（彩図社）、共著『兵庫県の不思議事典』（新人物往来社）、『赤松一族　八人の素顔』（神戸新聞総合出版センター）、『人物で読む太平洋戦争』『大正クロニクル』（世界文化社）『図説源平合戦のすべてがわかる本』（洋泉社）、『源平合戦「３Ｄ立体」地図』『ＴＰＰでどうなる？あなたの生活と仕事』『現代日本を操った黒幕たち』（以上、宝島社）、『ＮＨＫ大河ドラマ歴史ハンドブック軍師官兵衛』（ＮＨＫ出版）ほか多数。監修・時代考証・シナリオ監修協力に『戦国武将のリストラ逆転物語』（エクスナレッジ）、小説『僕とあいつの関ヶ原』『俺とおまえの夏の陣』（以上、東京書籍）、『角川まんが学習シリーズ　日本の歴史』全十五巻（角川書店）。

昔とはここまで違う！
歴史教科書の新常識

平成28年　7月21日　第1刷

著　者　　濱田浩一郎

発行人　　山田有司

発行所　　株式会社彩図社
東京都豊島区南大塚3-24-4
ＭＴビル〒170-0005
TEL：03-5985-8213　FAX：03-5985-8224

印刷所　　シナノ印刷株式会社

URL：http://www.saiz.co.jp
Twitter：https://twitter.com/saiz_sha

 ISBN978-4-8013-0160-3 C0021